DER WINDOWS-CMD-KOMPASS

CMD-KOMPASS

NAVIGIEREN UND
VERWALTEN WIE EIN PROFI

STEFAN U. FRANK

Impressum

Titel: Der Windows-CMD-Kompass: Navigieren und Verwalten wie ein Profi
Autor: Stefan U. Frank
ISBN: 979-8336091007
Copyright: © 2024 Stefan U. Frank
Coverdesign: Stefan U. Frank
Coverbild: Erstellt mit DALL-E
1. Auflage

Verantwortlich für den Inhalt gemäß § 55 Abs. 2 RStV:
Stefan U. Frank

Haftungsausschluss

Inhalt des Buches:
Der Autor übernimmt keine Gewähr für die Aktualität, Korrektheit, Vollständigkeit oder Qualität der bereitgestellten Informationen. Haftungsansprüche gegen den Autor, die sich auf Schäden materieller oder ideeller Art beziehen, die durch die Nutzung oder Nichtnutzung der dargebotenen Informationen oder durch die Nutzung fehlerhafter und unvollständiger Informationen verursacht wurden, sind grundsätzlich ausgeschlossen, sofern seitens des Autors kein nachweislich vorsätzliches oder grob fahrlässiges Verschulden vorliegt.

Urheberrecht:
Alle Rechte vorbehalten. Dieses Buch und alle darin enthaltenen Inhalte sind urheberrechtlich geschützt. Jede Art der Vervielfältigung, Verbreitung, Speicherung in Datenbanken, Übermittlung in elektronischer, mechanischer oder sonstiger Form ist ohne ausdrückliche Genehmigung des Autors unzulässig und strafbar, soweit nicht gesetzliche Ausnahmen bestehen. Das Coverbild wurde mit DALL-E erstellt und unterliegt den entsprechenden Lizenzbestimmungen.

Verweise und Links:
Bei direkten oder indirekten Verweisen auf fremde Webseiten („Hyperlinks"), die außerhalb des Verantwortungsbereiches des Autors liegen, würde eine Haftungsverpflichtung ausschließlich in dem Fall in Kraft treten, in dem der Autor von den Inhalten Kenntnis hat und es ihm technisch möglich und zumutbar wäre, die Nutzung im Falle rechtswidriger Inhalte zu verhindern. Der Autor erklärt hiermit ausdrücklich, dass zum Zeitpunkt der Linksetzung keine illegalen Inhalte auf den zu verlinkenden Seiten erkennbar waren.

INHALT

Vorwort

Liebe Leserinnen und Leser,

mein Name ist Stefan U. Frank, und ich freue mich sehr, Sie zu meinem Buch begrüßen zu dürfen. Nach über 16 Jahren als IT-Berater und IT-Fachmann, in denen ich unzählige Systeme betreut, zahlreiche Herausforderungen gemeistert und mein Wissen stetig erweitert habe, bin ich nun in einer neuen Lebensphase angekommen – dem Renten-Dasein. Mit dieser neuen Freiheit ergab sich die Möglichkeit, ein Projekt in Angriff zu nehmen, dass mir schon lange am Herzen liegt: Ein Buch zu schreiben, das mein Wissen und meine Erfahrungen weitergibt.

Die IT-Welt hat sich in den vergangenen Jahrzehnten rasant entwickelt, und ich durfte diese Entwicklungen aus nächster Nähe miterleben und aktiv mitgestalten. Von den ersten Windows-Versionen bis hin zu den modernen Betriebssystemen von heute – es war eine spannende Reise voller technischer Innovationen und neuer Herausforderungen.

Mit diesem Buch möchte ich nicht nur meine langjährigen Erfahrungen mit Ihnen teilen, sondern Ihnen auch praktische Werkzeuge an die Hand geben, die Ihnen den Alltag als IT-Interessierte oder -Fachleute erleichtern. Die Windows-Eingabeaufforderung, die für viele als unscheinbares Werkzeug am Rande der Oberfläche fungiert, hat sich für mich stets als unverzichtbares Instrument zur Systemverwaltung und Problemlösung erwiesen. Es ist mein Ziel, Ihnen zu zeigen, wie mächtig dieses Werkzeug wirklich ist und wie es Ihnen in Ihrer täglichen Arbeit helfen kann.

Ob Sie nun Einsteiger sind oder bereits fortgeschrittenes Wissen mitbringen – ich hoffe, dass Sie in diesem Buch wertvolle Informationen und nützliche Tipps finden werden. Es soll Ihnen als Nachschlagewerk dienen, aber auch dazu ermutigen, Neues auszuprobieren und die vielfältigen Möglichkeiten der CMD und der Systemadministration zu erkunden.

Ich wünsche Ihnen viel Freude beim Lesen und Anwenden der Inhalte dieses Buches. Möge es Ihnen genauso viel Nutzen bringen, wie mir die Arbeit mit diesen Themen über all die Jahre hinweg Freude bereitet hat.

Herzlichst,

Stefan U. Frank

Einleitung

Die Eingabeaufforderung, oft kurz als CMD bezeichnet, ist ein leistungsstarkes und vielseitiges Werkzeug, das tief in das Windows-Betriebssystem integriert ist. Trotz der zunehmenden Popularität von grafischen Benutzeroberflächen (GUIs) bleibt die CMD für viele Benutzer – insbesondere für Systemadministratoren, Entwickler und Power-User – ein unverzichtbares Werkzeug. Die Fähigkeit, direkt mit dem Betriebssystem zu kommunizieren und eine Vielzahl von Aufgaben effizient zu automatisieren, macht die CMD zu einem der wichtigsten Tools für das Management und die Verwaltung von Windows-Systemen.

Dieses Handbuch richtet sich an eine breite Zielgruppe, von Anfängern bis hin zu fortgeschrittenen Benutzern, die die volle Leistungsfähigkeit der CMD verstehen und nutzen möchten. Es bietet eine umfassende Übersicht über alle verfügbaren CMD-Befehle unter Windows 10 und Windows 11, ergänzt durch detaillierte Erklärungen und praktische Beispiele.

Ziel des Handbuchs

Das primäre Ziel dieses Handbuchs ist es, den Lesern ein tiefes Verständnis der CMD und ihrer Befehle zu vermitteln. Unabhängig davon, ob Sie ein Neuling sind, der gerade erst in die Welt der Eingabeaufforderung eintaucht, oder ein erfahrener Benutzer, der sein Wissen erweitern möchte – dieses Handbuch wird Ihnen als wertvolle Ressource dienen.

Was Leser von diesem Handbuch erwarten können:

1. **Umfassende Befehlsübersicht:** Dieses Handbuch bietet eine vollständige und detaillierte Liste aller CMD-Befehle, die unter Windows 10 und Windows 11 verfügbar sind. Jeder Befehl wird

umfassend beschrieben, einschließlich seiner Syntax, Optionen und Parameter.

2. **Detaillierte Erklärungen:** Neben der Beschreibung der Befehle wird auch die Funktionsweise jedes Befehls detailliert erläutert. Dies hilft den Lesern, nicht nur die Befehle auswendig zu lernen, sondern auch zu verstehen, wie und warum sie funktionieren. Dadurch wird es einfacher, die CMD für spezifische Aufgaben effektiv zu nutzen.

3. **Praktische Beispiele:** Jeder Befehl wird durch praktische Beispiele ergänzt, die typische Anwendungsfälle abdecken. Diese Beispiele sind so gestaltet, dass sie realistische Szenarien darstellen, mit denen Benutzer bei ihrer täglichen Arbeit konfrontiert werden könnten.

4. **Interaktive Codeblöcke:** Das Handbuch ist nicht nur textbasiert, sondern enthält auch interaktive Codeblöcke, die es den Lesern ermöglichen, Befehle direkt in ihre eigenen Umgebungen zu kopieren und auszuführen. Diese Funktion ist besonders nützlich für Benutzer, die das Gelernte sofort in die Praxis umsetzen möchten.

5. **Best Practices und Tipps:** Über die reine Befehlsreferenz hinaus enthält das Handbuch auch Best Practices und Tipps, die von erfahrenen Anwendern und Experten stammen. Diese helfen, häufige Fehler zu vermeiden und die CMD effizienter zu nutzen.

6. **Problemlösung und Fehlersuche:** Das Handbuch enthält auch Abschnitte, die sich mit der Diagnose und Behebung von Problemen befassen, die bei der Nutzung der CMD auftreten können. Dies ist besonders nützlich für Benutzer, die auf technische Schwierigkeiten stoßen und schnell Lösungen finden möchten.

7. **Erweiterte Themen:** Für fortgeschrittene Benutzer bietet das Handbuch Abschnitte über Skripting, Automatisierung und die Integration der CMD mit anderen Systemtools. Diese

erweiterten Themen sind ideal für Benutzer, die ihre CMD-Fähigkeiten auf die nächste Stufe heben möchten.

8. **Anpassung und Optimierung:** Ein weiterer Fokus dieses Handbuchs liegt auf der Anpassung der CMD-Umgebung an die individuellen Bedürfnisse des Benutzers. Dies umfasst Einstellungen, die das Arbeiten mit der CMD angenehmer und effizienter machen.

Wie dieses Handbuch Ihnen helfen wird:

- **Effizienz steigern:** Durch das Erlernen und Anwenden der in diesem Handbuch beschriebenen Befehle und Techniken werden Sie in der Lage sein, Aufgaben schneller und effizienter zu erledigen. Dies spart Zeit und Mühe, insbesondere bei wiederkehrenden Aufgaben.

- **Probleme lösen:** Mit den bereitgestellten Informationen können Sie häufig auftretende Probleme selbständig diagnostizieren und beheben. Dies gibt Ihnen die Kontrolle über Ihr System und minimiert die Abhängigkeit von externem Support.

- **Fachwissen erweitern:** Unabhängig davon, ob Sie ein Anfänger oder ein erfahrener Benutzer sind, wird dieses Handbuch Ihr Verständnis und Ihre Fähigkeiten im Umgang mit der CMD erweitern. Es wird Ihnen helfen, neue Techniken zu erlernen und bestehende Kenntnisse zu vertiefen.

- **Kompetenz in Automatisierung aufbauen:** Durch das Erlernen von Skripting und Automatisierungstechniken können Sie repetitive Aufgaben automatisieren, was Ihre Effizienz erheblich steigert und gleichzeitig das Risiko menschlicher Fehler reduziert.

- **Flexibilität und Anpassungsfähigkeit fördern:** Mit den Kenntnissen aus diesem Handbuch werden Sie in der Lage sein, die CMD in einer Vielzahl von Szenarien und Umgebungen einzusetzen. Dies macht Sie zu einem flexibleren und anpassungsfähigeren Benutzer, der auf verschiedene Herausforderungen vorbereitet ist.

Insgesamt bietet dieses Handbuch eine solide Grundlage für das Verständnis und die effektive Nutzung der CMD in Windows 10 und Windows 11. Es wird Ihnen helfen, das volle Potenzial dieses leistungsstarken Tools auszuschöpfen und Ihre Fähigkeiten als Windows-Benutzer zu erweitern.

Überblick über die CMD (Eingabeaufforderung)

Einführung in die CMD

Die Eingabeaufforderung, auch bekannt als Command Prompt oder kurz CMD, ist ein Befehlszeileninterpreter, der es Benutzern ermöglicht, direkt mit dem Betriebssystem zu interagieren. Dies geschieht durch die Eingabe von Textbefehlen, die das Betriebssystem dann interpretiert und ausführt. Die CMD ist ein wesentliches Werkzeug in der Windows-Umgebung und wird häufig für Aufgaben verwendet, die eine präzise Steuerung und Verwaltung des Systems erfordern, wie z.B. die Automatisierung von Aufgaben, die Verwaltung von Dateien und Verzeichnissen, die Überwachung von Prozessen und die Durchführung von Netzwerkdiagnosen.

Die CMD ist für viele fortgeschrittene Benutzer und Administratoren ein unverzichtbares Werkzeug, da sie direkten Zugriff auf viele der zugrunde liegenden Funktionen des Betriebssystems bietet, die über grafische Benutzeroberflächen (GUIs) oft nicht zugänglich sind. Sie ermöglicht die Ausführung von Befehlen, Skripten und Programmen, die tief in das System eingreifen können, und bietet dabei eine sehr hohe Kontrolle und Flexibilität.

Geschichte der CMD

Die Geschichte der Eingabeaufforderung reicht bis in die frühen Tage der Computer zurück, als die Bedienung von Computern hauptsächlich über textbasierte Befehlszeilen erfolgte. Die CMD hat ihre Wurzeln im Disk Operating System (DOS), das von Microsoft in den 1980er Jahren entwickelt wurde. DOS war ein reines textbasiertes Betriebssystem, bei dem die Benutzer alle Aufgaben über Befehlszeilenbefehle erledigen mussten.

Mit der Einführung von Windows als grafisches Betriebssystem wurde die CMD als ein Bestandteil von Windows übernommen, um weiterhin die Kompatibilität mit DOS-Programmen zu gewährleisten und fortgeschrittene Funktionen bereitzustellen. Obwohl die grafische Benutzeroberfläche von Windows immer mehr in den Vordergrund trat, blieb die CMD ein unverzichtbares Werkzeug für die Systemverwaltung und -konfiguration.

Im Laufe der Jahre hat sich die CMD weiterentwickelt, wobei sich ihr grundlegendes Konzept kaum verändert hat. Mit jeder neuen Windows-Version wurden der CMD neue Funktionen und Befehle hinzugefügt, während gleichzeitig die Kompatibilität mit älteren Befehlen erhalten blieb. Diese Kontinuität macht die CMD zu einem mächtigen Werkzeug für Benutzer, die seit Jahrzehnten mit Windows arbeiten, während sie gleichzeitig neuen Benutzern eine zuverlässige und vertraute Umgebung bietet, um tiefere Systemoperationen auszuführen.

Unterschiede zwischen Windows 10 und Windows 11

Mit der Veröffentlichung von Windows 10 und später Windows 11 hat Microsoft einige Änderungen und Verbesserungen an der CMD vorgenommen, die das Benutzererlebnis und die Funktionalität weiter verbessern. Auch wenn die grundlegende Funktionalität und die meisten Befehle in beiden Betriebssystemen gleich geblieben sind, gibt es einige bemerkenswerte Unterschiede:

1. **Visuelle und Benutzererfahrungsänderungen:**

o **Windows 11:** Die CMD in Windows 11 hat ein leicht aktualisiertes Design, das besser in die modernisierte Benutzeroberfläche von Windows 11 passt. Die Fensterrahmen, das Farbschema und die Schriftarten sind besser auf das neue Design von Windows 11 abgestimmt.

o **Windows 10:** Während Windows 10 ebenfalls einige moderne Designmerkmale aufweist, wirkt die CMD dort eher traditionell. Die Anpassungsoptionen wie Farben und Schriftarten sind jedoch in beiden Versionen weitgehend identisch.

2. **Verbesserte Integration mit PowerShell:**

o **Windows 11:** In Windows 11 wird die Eingabeaufforderung häufig durch Windows Terminal ersetzt oder ergänzt, das sowohl CMD als auch PowerShell und andere Shells in einer einzigen, modernen Oberfläche vereint. Dies bietet eine verbesserte Benutzererfahrung, insbesondere für Benutzer, die mit mehreren Shells arbeiten.

o **Windows 10:** Windows 10 führte das Windows Terminal ebenfalls ein, aber CMD bleibt weiterhin als eigenständige Anwendung präsent und wird von vielen Benutzern weiterhin direkt genutzt.

3. **Leistungsverbesserungen und neue Funktionen:**

o **Windows 11:** Während die Kernfunktionen der CMD weitgehend unverändert bleiben, profitiert sie in Windows 11 von den allgemeinen Leistungsverbesserungen des Betriebssystems. Dazu gehören schnellere Startzeiten und eine bessere Speicherverwaltung, was die Nutzung der CMD flüssiger macht.

- o **Windows 10:** Windows 10 legte den Grundstein für viele der Verbesserungen, die in Windows 11 fortgesetzt wurden. Es führte Funktionen wie die Unterstützung von ANSI-Escape-Codes für farbige Ausgaben und verbesserte Unterstützung für High-DPI-Bildschirme ein, die auch in Windows 11 weiterentwickelt wurden.

4. **Sicherheit und Kompatibilität:**

- o **Windows 11:** Windows 11 setzt stärker auf Sicherheitsfunktionen wie Virtualisierung und erweiterte Schutzmechanismen, was sich auch auf die Nutzung der CMD auswirken kann. Einige ältere Befehle oder Skripte, die auf tiefgreifende Systemzugriffe angewiesen sind, könnten in einer standardmäßig stärker abgesicherten Umgebung zusätzliche Berechtigungen oder Anpassungen erfordern.

- o **Windows 10:** In Windows 10 sind diese Sicherheitsfunktionen ebenfalls präsent, jedoch weniger aggressiv voreingestellt, was möglicherweise zu einer höheren Kompatibilität mit älteren Skripten und Befehlen führt.

Insgesamt bleibt die CMD sowohl in Windows 10 als auch in Windows 11 ein essentielles Werkzeug, das trotz der Einführung modernerer Alternativen wie PowerShell und Windows Terminal weiterhin von vielen Benutzern geschätzt wird. Die Unterschiede zwischen den beiden Betriebssystemversionen sind in Bezug auf die CMD eher evolutionär als revolutionär, was sicherstellt, dass erfahrene Benutzer ihre gewohnten Arbeitsweisen weiterhin nutzen können, während neue Funktionen und Verbesserungen eine noch effizientere Nutzung ermöglichen.

Voraussetzungen

Bevor Sie mit diesem Handbuch arbeiten und die vielfältigen Möglichkeiten der Eingabeaufforderung (CMD) voll ausschöpfen, ist es wichtig, dass Sie über grundlegende Computerkenntnisse und ein gewisses Verständnis für die Arbeitsweise von Betriebssystemen verfügen. Diese Voraussetzungen stellen sicher, dass Sie die beschriebenen Befehle und Konzepte effektiv anwenden und mögliche Fehler oder Probleme bei der Nutzung der CMD vermeiden können.

Allgemeine Computerkenntnisse

1. **Grundlegendes Verständnis von Betriebssystemen:**

   o Sie sollten wissen, was ein Betriebssystem ist und welche grundlegenden Aufgaben es erfüllt. Dazu gehört das Verständnis, dass das Betriebssystem die Schnittstelle zwischen der Hardware und den darauf laufenden Anwendungen bildet.

   o Es ist hilfreich, die Unterschiede zwischen den verschiedenen Windows-Versionen zu kennen, insbesondere zwischen Windows 10 und Windows 11, da diese Unterschiede Einfluss auf die Nutzung der CMD haben können.

2. **Kenntnisse in der Dateiverwaltung:**

   o Sie sollten mit den grundlegenden Konzepten der Dateiverwaltung vertraut sein, wie dem Erstellen, Löschen, Kopieren und Verschieben von Dateien und Ordnern. Diese Aufgaben werden in der CMD hauptsächlich durch Textbefehle ausgeführt, weshalb ein Verständnis dieser Operationen notwendig ist.

   o Ein grundlegendes Verständnis von Dateipfaden und der Verzeichnisstruktur ist ebenfalls wichtig, da Sie in der

CMD oft mit Pfaden arbeiten müssen, um Dateien und Ordner zu finden und zu verwalten.

3. **Vertrautheit mit der Windows-Benutzeroberfläche:**

    o   Es ist von Vorteil, wenn Sie sich in der Windows-Umgebung sicher bewegen können. Dazu gehört das Starten von Programmen, das Öffnen und Schließen von Fenstern sowie das Arbeiten mit dem Datei-Explorer.

    o   Sie sollten wissen, wie man die CMD startet (über das Startmenü, die Suchleiste oder Tastenkombinationen) und wie man zwischen verschiedenen Programmen und Fenstern wechselt.

4. **Grundkenntnisse in Netzwerktechnologien (optional):**

    o   Für fortgeschrittene Themen, wie Netzwerkdiagnose und -verwaltung, sind grundlegende Kenntnisse in Netzwerktechnologien hilfreich. Dazu gehört das Verständnis von IP-Adressen, Subnetzen und grundlegenden Netzwerkprotokollen.

    o   Dieses Wissen ist vor allem dann nützlich, wenn Sie mit Netzwerkbefehlen arbeiten möchten, um beispielsweise Verbindungen zu testen oder Netzwerkeinstellungen zu analysieren.

Grundlegendes Verständnis der CMD

1. **Basiskenntnisse in der Bedienung der CMD:**

    o   Es ist hilfreich, wenn Sie bereits einfache Befehle in der CMD ausgeführt haben. Dazu gehört das Wissen, wie man die CMD öffnet, Befehle eingibt und ausführt sowie die Ausgabe der Befehle interpretiert.

    o   Sie sollten sich mit der grundsätzlichen Struktur von CMD-Befehlen vertraut machen, die oft aus dem Befehl selbst, gefolgt von Optionen und Argumenten (z.B. Dateipfaden oder Parametern), besteht.

2. **Verständnis von Textbasierten Benutzeroberflächen:**

   o Da die CMD eine textbasierte Umgebung ist, sollten Sie sich mit der Eingabe und Interpretation von Textkommandos wohlfühlen. Es ist wichtig, auf die korrekte Eingabe von Befehlen zu achten, da CMD-Befehle empfindlich auf Syntaxfehler reagieren.

   o Sie sollten auch wissen, wie Sie innerhalb der CMD navigieren, z.B. durch das Aufrufen von vorherigen Befehlen über die Pfeiltasten oder das Bearbeiten von Befehlen direkt in der Kommandozeile.

3. **Ein grundlegendes Verständnis von Batch-Skripten (optional):**

   o Wenn Sie planen, tiefer in die Automatisierung und Skripting-Optionen der CMD einzutauchen, ist ein grundlegendes Verständnis von Batch-Skripten nützlich. Dazu gehört das Wissen über die Erstellung von einfachen .bat-Dateien und das Schreiben grundlegender Befehlsfolgen.

4. **Verständnis der Sicherheitsaspekte:**

   o Die Arbeit in der CMD erfordert ein gewisses Bewusstsein für Sicherheitsaspekte. Sie sollten verstehen, dass bestimmte Befehle tief in das System eingreifen können, was zu unbeabsichtigten Änderungen oder Problemen führen kann, wenn sie falsch verwendet werden.

   o Ein grundlegendes Verständnis von Benutzerrechten und Administratorrechten ist wichtig, da einige CMD-Befehle erhöhte Rechte benötigen, um ausgeführt zu werden. Sie sollten wissen, wie man die CMD als Administrator startet und was dies bedeutet.

Zusammenfassung

Dieses Handbuch setzt voraus, dass Sie über grundlegende Computerkenntnisse verfügen und bereits eine gewisse Vertrautheit mit dem Windows-Betriebssystem und der CMD haben. Wenn Sie diese Voraussetzungen erfüllen, werden Sie in der Lage sein, die in diesem Handbuch beschriebenen Befehle und Techniken effektiv anzuwenden. Sollten Sie in einigen der genannten Bereiche noch nicht so sicher sein, empfiehlt es sich, diese Grundlagen zunächst zu vertiefen, um das volle Potenzial dieses Handbuchs ausschöpfen zu können.

2. Grundlagen der CMD

Was ist CMD?

Die Eingabeaufforderung (CMD) ist ein textbasierter Befehlszeileninterpreter, der es Benutzern ermöglicht, direkte Anweisungen an das Betriebssystem zu übermitteln. Dies geschieht durch die Eingabe von Befehlen, die das System interpretiert und ausführt. Die CMD ist in Windows-Betriebssystemen wie Windows 10 und Windows 11 integriert und bietet eine Vielzahl von Funktionen, die von der einfachen Dateiverwaltung bis zur komplexen Systemadministration reichen.

Wie startet man die CMD?

Es gibt mehrere Methoden, die CMD zu starten. Hier sind die Schritte im Detail, einschließlich spezifischer Anweisungen und Beispielen.

1. Starten der CMD über das Startmenü

Schritte:

1. Klicken Sie auf das **Startmenü** oder drücken Sie die **Windows-Taste**.

2. Geben Sie "cmd" in die Suchleiste ein.

3. Wählen Sie „Eingabeaufforderung" aus den Ergebnissen und klicken Sie darauf.

Beispiel: Wenn Sie die CMD starten, sehen Sie eine Eingabeaufforderung wie diese:

```
C:\Users\IhrBenutzername>
```

Hier können Sie Befehle eingeben, die das Betriebssystem ausführt.

2. CMD über das Ausführen-Dialogfeld starten

Schritte:

1. Drücken Sie **Windows-Taste + R**, um das Ausführen-Dialogfeld zu öffnen.

2. Geben Sie "cmd" ein und drücken Sie **Enter**.

Beispiel: Das CMD-Fenster öffnet sich und zeigt den Standardpfad:

```
C:\Users\IhrBenutzername>
```

3. CMD als Administrator starten

Einige Befehle erfordern Administratorrechte. So können Sie die CMD mit diesen Rechten starten:

Schritte:

1. Öffnen Sie das **Startmenü** und geben Sie "cmd" in die Suchleiste ein.

2. Klicken Sie mit der rechten Maustaste auf „Eingabeaufforderung" und wählen Sie „Als Administrator ausführen".

3. Bestätigen Sie die Benutzerkontensteuerung, wenn Sie dazu aufgefordert werden.

Beispiel: Wenn Sie die CMD als Administrator öffnen, erscheint möglicherweise eine Eingabeaufforderung wie diese:

```
C:\Windows\System32>
```

Hier können Sie systemweite Befehle ausführen.

4. CMD aus dem Datei-Explorer heraus starten

Schritte:

1. Öffnen Sie den **Datei-Explorer**.

2. Navigieren Sie zu einem beliebigen Verzeichnis.

3. Klicken Sie in die Adressleiste und geben Sie "cmd" ein und drücken Sie **Enter**.

Beispiel: Die CMD öffnet sich direkt in dem Verzeichnis, in dem Sie sich im Datei-Explorer befanden. Zum Beispiel:

```
C:\Users\IhrBenutzername\Dokumente>
```

Hier können Sie Befehle ausführen, die direkt auf dieses Verzeichnis wirken.

5. CMD-Fenster anpassen

Sobald die CMD geöffnet ist, können Sie das Fenster an Ihre Bedürfnisse anpassen:

Schritte:

1. **Farbschema ändern:** Klicken Sie mit der rechten Maustaste auf die Titelleiste und wählen Sie „Eigenschaften". Unter „Farben" können Sie die Hintergrund- und Textfarben ändern.

2. **Schriftart und Größe anpassen:** In den „Eigenschaften" können Sie unter „Schriftart" die gewünschte Schriftart und -größe auswählen.

3. **Puffergröße einstellen:** Passen Sie die Puffergröße im Reiter „Layout" an, um mehr oder weniger Textzeilen im Verlauf zu speichern.

Beispiel: Wenn Sie beispielsweise die Schriftart ändern, könnten Sie eine größere, besser lesbare Schriftart für längere Arbeitssitzungen einstellen.

```
@echo off
echo Dies ist ein Beispiel für einen angepassten CMD-
Fensterstil.
```

```
pause
```

Hier ist ein Beispiel-Code, den Sie direkt in die CMD eingeben können:

```
@echo off

echo Dies ist ein Beispiel für einen angepassten CMD-
Fensterstil.

pause
```

Kopieren Sie diesen Code und führen Sie ihn aus, um eine einfache Demonstration der Ausgabe in Ihrer angepassten CMD zu sehen.

Diese detaillierten Anweisungen und Beispiele helfen Benutzern, die CMD effektiv zu starten und anzupassen, bevor sie mit spezifischen Befehlen arbeiten. Durch das Verstehen dieser Grundlagen können Sie sicherstellen, dass Sie die CMD optimal nutzen, sei es für einfache Aufgaben oder komplexe Systemoperationen.

Unterschiede zwischen CMD und PowerShell

CMD (Eingabeaufforderung) und PowerShell sind beides Befehlszeileninterpreter, die in Windows-Betriebssystemen zur Verfügung stehen. Obwohl sie ähnliche Aufgaben erfüllen, unterscheiden sie sich erheblich in Bezug auf Funktionalität, Flexibilität und Einsatzgebiete. In diesem Abschnitt werden die Hauptunterschiede zwischen CMD und PowerShell erläutert, um zu verdeutlichen, wann und warum man das eine oder das andere Werkzeug verwenden sollte.

1. Herkunft und Entwicklungsziel

- **CMD:**
    - CMD, auch als Eingabeaufforderung bekannt, ist die modernisierte Version des MS-DOS-Befehlszeileninterpreters. Es wurde entwickelt, um eine

einfache und schnelle Möglichkeit zu bieten, mit dem Betriebssystem zu interagieren. CMD bietet grundlegende Befehle für die Dateiverwaltung, Systemsteuerung und Netzwerkdiagnose.

- o Hauptsächlich für einfache administrative Aufgaben, Batch-Skripting und Kompatibilität mit älteren DOS-Befehlen konzipiert.

- **PowerShell:**

  - o PowerShell wurde von Microsoft als leistungsfähigeres und flexibleres Werkzeug entwickelt. Es basiert auf dem .NET Framework und wurde erstmals im Jahr 2006 veröffentlicht. PowerShell erweitert die Funktionalität der CMD erheblich, indem es eine skriptfähige Shell mit Zugriff auf komplexe Systemverwaltungsaufgaben bietet.

  - o Entwickelt, um sowohl einfache als auch komplexe administrative Aufgaben zu automatisieren, Skripte zu erstellen, und eine tiefergehende Interaktion mit dem Windows-Betriebssystem zu ermöglichen.

2. Befehlssyntax und -umfang

- **CMD:**

  - o CMD verwendet eine einfache Befehlssyntax, die hauptsächlich auf Textkommandos basiert. Die meisten Befehle in CMD sind spezifisch für Dateiverwaltungsaufgaben und grundlegende Systemsteuerungen.

  - o Beispiel:

    - Das Kopieren einer Datei mit CMD:

```
copy C:\Beispiel\Datei.txt D:\Backup\Datei.txt
```

- **PowerShell:**

- o PowerShell verwendet eine objektorientierte Syntax, die es ermöglicht, komplexe Befehle zu erstellen, die nicht nur Text, sondern auch Objekte und ihre Eigenschaften manipulieren können. Es gibt eine breite Palette von Cmdlets (Command-lets), die für spezifische Aufgaben entwickelt wurden.

- o Beispiel:

  - Das Kopieren einer Datei mit PowerShell:

```
Copy-Item -Path C:\Beispiel\Datei.txt -Destination
D:\Backup\Datei.txt
```

3. Objektorientierte Natur

- **CMD:**

  - o CMD arbeitet hauptsächlich mit Textausgaben. Die Ausgabe eines Befehls in CMD ist immer Text, der in einer Datei gespeichert, auf dem Bildschirm angezeigt oder an einen anderen Befehl weitergeleitet werden kann.

  - o Beispiel:

    - Ausgabe einer Verzeichnisliste in eine Textdatei:

```
dir > liste.txt
```

- **PowerShell:**

  - o PowerShell arbeitet mit Objekten und nicht nur mit Text. Dies bedeutet, dass Befehle (Cmdlets) in PowerShell Objekte als Ausgabe erzeugen, die Eigenschaften und Methoden haben, die weiterverarbeitet werden können.

  - o Beispiel:

    - Auflisten aller Prozesse und Filtern nach einem bestimmten Prozess:

24

```
Get-Process | Where-Object { $_.ProcessName -eq "notepad" }
```

4. Skripting und Automatisierung

- **CMD:**

  - CMD unterstützt einfaches Batch-Skripting, bei dem eine Abfolge von Befehlen in einer Textdatei (mit der Erweiterung .bat) gespeichert und ausgeführt werden kann. Batch-Skripte sind nützlich für die Automatisierung grundlegender Aufgaben, aber sie sind in ihrer Funktionalität begrenzt.

  - Beispiel:

    - Ein einfaches Batch-Skript, das eine Datei kopiert und eine Nachricht anzeigt:

```
@echo off
copy C:\Beispiel\Datei.txt D:\Backup\Datei.txt
echo Datei wurde kopiert!
```

- **PowerShell:**

  - PowerShell unterstützt leistungsfähiges Scripting, das die volle Funktionalität des .NET Frameworks nutzt. PowerShell-Skripte (mit der Erweiterung .ps1) können komplexe Aufgaben automatisieren, einschließlich der Verwaltung von Systemressourcen, Benutzerverwaltung und Netzwerkoperationen.

  - Beispiel:

    - Ein PowerShell-Skript, das alle Dienste auflistet, die gerade ausgeführt werden, und diese in eine Datei schreibt:

```
Get-Service | Where-Object { $_.Status -eq "Running" } | Out-File
-FilePath C:\ServicesListe.txt
```

5. Kompatibilität und Erweiterbarkeit

- **CMD:**

  o CMD ist in allen modernen Windows-Versionen verfügbar und bietet Kompatibilität mit älteren DOS-Befehlen. Es ist jedoch nicht erweiterbar in dem Sinne, dass es keine Möglichkeit gibt, direkt neue Befehle oder Funktionen hinzuzufügen, ohne externe Programme oder Tools zu verwenden.

  o Einschränkungen in der Erweiterbarkeit bedeuten, dass CMD hauptsächlich für grundlegende Aufgaben verwendet wird.

- **PowerShell:**

  o PowerShell ist äußerst erweiterbar. Benutzer können eigene Cmdlets, Module und Skripte erstellen, um spezifische Aufgaben zu erfüllen. Außerdem kann PowerShell durch die Nutzung von .NET-Bibliotheken und anderen Programmier-APIs stark angepasst werden.

  o PowerShell ist nicht nur auf Windows beschränkt; es ist plattformübergreifend verfügbar und kann auf Linux und macOS verwendet werden.

6. Einsatzgebiete und Benutzerzielgruppe

- **CMD:**

  o CMD wird oft von Benutzern verwendet, die einfache administrative Aufgaben ausführen müssen, z.B. IT-Supportmitarbeiter, die schnelle Diagnosen und Dateiverwaltungsaufgaben durchführen.

  o Auch für Benutzer, die in Umgebungen arbeiten, in denen ältere Systeme und Skripte auf DOS-Befehlen basieren, bleibt CMD relevant.

- **PowerShell:**

  - PowerShell richtet sich an fortgeschrittene Benutzer wie Systemadministratoren, Entwickler und IT-Profis, die komplexe Aufgaben automatisieren und tiefgreifende Systemverwaltung durchführen müssen.

  - Es ist besonders nützlich in Umgebungen, die stark auf Automatisierung, Verwaltung von Serverfarmen und DevOps-Praktiken angewiesen sind.

Zusammenfassung

CMD ist einfach und effektiv für grundlegende Aufgaben und bleibt aufgrund seiner Einfachheit und Kompatibilität mit älteren Systemen relevant. **PowerShell** hingegen bietet eine viel größere Flexibilität und Leistungsfähigkeit und ist das bevorzugte Werkzeug für moderne Systemadministration und Automatisierung. Beide Werkzeuge haben ihre eigenen Stärken, und die Wahl zwischen CMD und PowerShell hängt von den spezifischen Anforderungen und dem Erfahrungsniveau des Benutzers ab.

CMD-Umgebung und grundlegende Befehle

CMD-Umgebung

Die CMD-Umgebung ist die Benutzeroberfläche, in der Sie Befehle direkt in das Betriebssystem eingeben können. Sie öffnet sich in einem schwarzen Fenster mit weißem Text, in dem Sie Befehle eingeben und deren Ausgaben sehen können. Die CMD-Umgebung ist darauf ausgelegt, einfach und effizient zu sein, ohne die grafischen Elemente einer typischen Benutzeroberfläche. Alles wird durch Textbefehle gesteuert.

Elemente der CMD-Umgebung:

1. **Eingabeaufforderung:**

- o Die Eingabeaufforderung zeigt den aktuellen Pfad an, in dem Sie sich befinden, und erwartet, dass Sie einen Befehl eingeben.

- o Beispiel:

```
C:\Users\IhrBenutzername>
```

2. Befehlseingabe:

- o Hier geben Sie Ihre Befehle ein. Sobald Sie einen Befehl eingegeben haben, drücken Sie **Enter**, um ihn auszuführen.

3. Ausgabe:

- o Nach der Ausführung eines Befehls zeigt die CMD die Ergebnisse oder Ausgaben direkt unterhalb des eingegebenen Befehls an.

4. Navigation:

- o Sie können die CMD mit den Pfeiltasten, der **Tab-Taste** (zum automatischen Vervollständigen von Dateinamen oder Pfaden) und anderen Tastenkombinationen steuern.

Grundlegende Befehle in der CMD

Hier sind einige grundlegende Befehle, die häufig in der CMD verwendet werden:

1. dir - Verzeichnisinhalt auflisten

- o Dieser Befehl zeigt eine Liste aller Dateien und Verzeichnisse im aktuellen Verzeichnis an.

- o Beispiel:

```
dir
```

- o Ausgabe:

```
Verzeichnis von C:\Users\IhrBenutzername

01.08.2024  10:00    <DIR>          Dokumente

01.08.2024  10:00    <DIR>          Bilder

01.08.2024  10:00             2.048 Datei.txt
```

2. cd - Verzeichnis wechseln

- o Mit cd können Sie in ein anderes Verzeichnis wechseln.

- o Beispiel:

```
cd Dokumente
```

- o Nach diesem Befehl lautet die Eingabeaufforderung:

```
C:\Users\IhrBenutzername\Dokumente>
```

3. cls - Bildschirm löschen

- o cls löscht den aktuellen Inhalt des CMD-Fensters und zeigt nur die Eingabeaufforderung an.

- o Beispiel:

```
cls
```

4. copy - Dateien kopieren

- o Mit copy können Sie eine Datei von einem Ort an einen anderen kopieren.

- o Beispiel:

```
copy Datei.txt D:\Backup\Datei.txt
```

- o Ausgabe:

```
1 Datei(en) kopiert.
```

5. del - Dateien löschen

- o del wird verwendet, um eine oder mehrere Dateien zu löschen.

o Beispiel:

```
del Datei.txt
```

6. mkdir - Verzeichnis erstellen

o Mit mkdir (oder md) können Sie ein neues Verzeichnis erstellen.

o Beispiel:

```
mkdir NeuesVerzeichnis
```

7. rmdir - Verzeichnis löschen

o rmdir wird verwendet, um ein leeres Verzeichnis zu löschen.

o Beispiel:

```
rmdir NeuesVerzeichnis
```

8. echo - Text ausgeben

o echo gibt den eingegebenen Text auf dem Bildschirm aus. Es wird häufig in Skripten verwendet.

o Beispiel:

```
echo Hallo Welt!
```

9. exit - CMD beenden

o Mit exit können Sie das CMD-Fenster schließen.

o Beispiel:

```
exit
```

Struktur der CMD-Befehle

CMD-Befehle folgen einer einfachen Struktur, die leicht verständlich ist. Diese Struktur besteht typischerweise aus dem Befehl selbst, gefolgt von Parametern und Argumenten.

Struktur:

```
Befehl [Parameter] [Argument(e)]
```

- **Befehl:** Dies ist der grundlegende Befehl, der ausgeführt werden soll, z.B. copy, dir, del.

- **Parameter:** Parameter ändern das Verhalten des Befehls, z.B. /s, /p, /q.

- **Argument(e):** Dies sind die Objekte, auf die der Befehl angewendet wird, z.B. Dateinamen, Verzeichnisse, Pfade.

Beispiele:

1. **copy Befehl mit einem Argument:**

```
copy Quelle.txt Ziel.txt
```

  o Hier ist copy der Befehl, Quelle.txt ist das Quellargument und Ziel.txt das Zielargument.

2. **dir Befehl mit einem Parameter:**

```
dir /s
```

  o Hier ist dir der Befehl und /s der Parameter, der angibt, dass alle Unterverzeichnisse aufgelistet werden sollen.

3. **del Befehl mit einem Parameter und einem Argument:**

```
del /p Datei.txt
```

  o Hier ist del der Befehl, /p ist der Parameter (fragt vor dem Löschen nach Bestätigung), und Datei.txt ist das Argument.

Umgang mit Dateipfaden und -strukturen

In der CMD arbeiten Sie häufig mit Dateipfaden und Verzeichnissen. Es ist wichtig, den Unterschied zwischen relativen und absoluten Pfaden sowie die Struktur von Verzeichnissen zu verstehen.

Absolute vs. Relative Pfade

- **Absoluter Pfad:**

    o Ein absoluter Pfad beginnt immer mit dem Laufwerksbuchstaben und führt über die gesamte Verzeichnishierarchie bis zur gewünschten Datei oder zum Verzeichnis.

    o Beispiel:

```
C:\Users\IhrBenutzername\Dokumente\Datei.txt
```

- **Relativer Pfad:**

    o Ein relativer Pfad ist ein Pfad, der vom aktuellen Verzeichnis ausgeht. Er enthält nicht den vollständigen Pfad vom Stammverzeichnis (Root).

    o Beispiel:

    - Wenn Sie sich im Verzeichnis C:\Users\IhrBenutzername\ befinden und cd Dokumente eingeben, dann ist Dokumente ein relativer Pfad.

Verzeichnisstruktur und Navigation

- **Navigieren in der Verzeichnisstruktur:**

    o Sie können mit cd in Verzeichnisse navigieren. Einfache Navigation innerhalb des aktuellen Verzeichnisses erfolgt durch Eingabe des Verzeichnisnamens:

```
cd Dokumente
```

    o Um eine Ebene höher zu wechseln, verwenden Sie:

```
cd ..
```

- **Dateien und Verzeichnisse auflisten:**

    o Mit dem Befehl dir können Sie den Inhalt des aktuellen
       Verzeichnisses anzeigen lassen:

```
dir
```

- **Kombinierte Befehle:**

    o Sie können relative Pfade auch innerhalb von Befehlen
       nutzen. Beispielsweise können Sie eine Datei aus einem
       Unterverzeichnis kopieren:

```
copy ..\Beispiel\Datei.txt .
```

    o Hier wird die Datei Datei.txt aus dem Verzeichnis
       Beispiel, das sich eine Ebene höher befindet, in das
       aktuelle Verzeichnis kopiert.

Hinweis: In der CMD müssen Pfade mit umgekehrten Schrägstrichen (\)
angegeben werden, nicht mit normalen Schrägstrichen (/).

Zusammenfassung

Das Verständnis der CMD-Umgebung und grundlegender Befehle, der
Struktur von CMD-Befehlen und des Umgangs mit Dateipfaden ist
entscheidend für die effektive Nutzung der Eingabeaufforderung. Mit
diesen Grundlagen können Sie sich sicher in der CMD bewegen und eine
Vielzahl von Aufgaben ausführen, von der einfachen Dateiverwaltung
bis hin zu komplexeren Systemadministrationsaufgaben.

Eingabeaufforderung anpassen (z.B. Farben, Schriftgröße)

Die CMD-Eingabeaufforderung kann an die eigenen Vorlieben angepasst
werden, um das Arbeiten angenehmer und effizienter zu gestalten. Sie

können verschiedene Einstellungen wie Farben, Schriftgröße, Fenstergröße und vieles mehr ändern. Dies ist besonders nützlich, wenn Sie längere Zeit in der CMD arbeiten oder die Lesbarkeit verbessern möchten.

Hier sind die Schritte und Möglichkeiten zur Anpassung der CMD-Eingabeaufforderung:

1. Öffnen der Eigenschaften der CMD

Um Anpassungen an der CMD vorzunehmen, müssen Sie das Eigenschaftenfenster öffnen:

1. **CMD starten:**

   o Öffnen Sie die CMD wie gewohnt (z.B. über das Startmenü oder die Eingabeaufforderung cmd im Ausführen-Dialog).

2. **Eigenschaften öffnen:**

   o Klicken Sie mit der rechten Maustaste auf die Titelleiste des CMD-Fensters.

   o Wählen Sie im Kontextmenü den Punkt **„Eigenschaften"** aus.

2. Anpassung der Farben

Im Eigenschaftenfenster können Sie die Farben für Text und Hintergrund ändern:

1. **Registerkarte „Farben":**

   o Wechseln Sie zur Registerkarte „Farben" im Eigenschaftenfenster.

2. **Textfarbe ändern:**

   o Wählen Sie unter „Bildschirmtext" die gewünschte Textfarbe aus. Sie können entweder eine der vordefinierten Farben auswählen oder eigene RGB-Werte eingeben.

3. **Hintergrundfarbe ändern:**

   o Wählen Sie unter „Bildschirmhintergrund" die gewünschte Hintergrundfarbe aus.

4. **Popup-Farben ändern:**

   o Sie können auch die Farben für Popup-Text und Popup-Hintergrund ändern, die verwendet werden, wenn bestimmte Eingabeaufforderungen oder Warnungen angezeigt werden.

5. **Transparenz einstellen (nur Windows 10 und höher):**

   o Sie können die Transparenz des CMD-Fensters anpassen, indem Sie den Schieberegler „Deckkraft" verwenden.

Beispiel für Anpassungen:

- **Weißer Text auf schwarzem Hintergrund:**

  o Bildschirmtext: Weiß

  o Bildschirmhintergrund: Schwarz

- **Grüner Text auf schwarzem Hintergrund:**

  o Bildschirmtext: Grün (RGB: 0, 255, 0)

  o Bildschirmhintergrund: Schwarz

3. Anpassung der Schriftart und Schriftgröße

Sie können die Schriftart und Schriftgröße ändern, um die Lesbarkeit zu verbessern:

1. **Registerkarte „Schriftart":**

- o Wechseln Sie zur Registerkarte „Schriftart" im Eigenschaftenfenster.

2. **Schriftart auswählen:**

- o Wählen Sie eine der verfügbaren Schriftarten aus. Standardmäßig stehen „Consolas" und „Lucida Console" zur Verfügung. „Consolas" wird oft wegen ihrer guten Lesbarkeit bevorzugt.

3. **Schriftgröße anpassen:**

- o Wählen Sie die gewünschte Schriftgröße aus. Eine größere Schriftgröße kann die Lesbarkeit verbessern, besonders auf hochauflösenden Bildschirmen.

4. **Schriftartstärke:**

- o Sie können auch die Stärke der Schriftart (normal oder fett) anpassen, um den Text deutlicher erscheinen zu lassen.

Beispiel für Anpassungen:

- **Schriftart:** Consolas

- **Schriftgröße:** 20

4. Anpassung des Layouts

Die Größe des CMD-Fensters und des Bildschirmpuffers kann ebenfalls angepasst werden:

1. **Registerkarte „Layout":**

- o Wechseln Sie zur Registerkarte „Layout" im Eigenschaftenfenster.

2. **Bildschirmpuffergröße:**

- o Der Bildschirmpuffer bestimmt, wie viele Zeilen Text im Verlauf gespeichert werden können. Sie können die

Anzahl der Zeilen anpassen, um mehr oder weniger Text im Verlauf zu speichern.

- o Beispiel: „Breite" auf 120 und „Höhe" auf 900 setzen, um einen langen Verlauf zu ermöglichen.

3. **Fenstergröße:**

- o Passen Sie die Fenstergröße an, um die Anzahl der sichtbaren Zeilen und Spalten festzulegen.

- o Beispiel: „Breite" auf 120 und „Höhe" auf 30 setzen, um ein breites und nicht zu hohes Fenster zu haben.

4. **Position des Fensters:**

- o Sie können festlegen, wo das CMD-Fenster auf dem Bildschirm erscheinen soll, indem Sie die X- und Y-Position anpassen. Wenn Sie die automatische Positionierung wünschen, lassen Sie diese Einstellungen unverändert.

5. Speichern und Übernehmen der Anpassungen

Nachdem Sie die gewünschten Anpassungen vorgenommen haben:

1. **Übernehmen und OK:**

- o Klicken Sie auf „Übernehmen" und dann auf „OK", um die Änderungen zu speichern.

2. **Neue Sitzung:**

- o Die Änderungen werden sofort wirksam. Sie gelten für die aktuelle CMD-Sitzung und für alle zukünftigen CMD-Fenster, die Sie öffnen.

6. Rückgängigmachen der Anpassungen

Falls Sie die Anpassungen rückgängig machen möchten:

1. **Standardwerte wiederherstellen:**

- o Öffnen Sie erneut die „Eigenschaften" und klicken Sie in jeder Registerkarte auf „Standard", um die ursprünglichen Einstellungen wiederherzustellen.

- o Bestätigen Sie mit „Übernehmen" und „OK".

Zusammenfassung

Die Anpassung der CMD-Eingabeaufforderung ermöglicht es Ihnen, das Erscheinungsbild und die Funktionalität der CMD nach Ihren persönlichen Vorlieben zu gestalten. Sie können die Farben, Schriftarten, Fenstergröße und Puffergröße ändern, um die Lesbarkeit zu verbessern und die CMD an Ihre Arbeitsweise anzupassen. Diese Anpassungen können besonders nützlich sein, wenn Sie häufig in der CMD arbeiten und eine angenehme Arbeitsumgebung schaffen möchten.

3. Navigation in der CMD

Die Navigation in der CMD ist ein wesentlicher Bestandteil der Arbeit mit der Eingabeaufforderung. In diesem Abschnitt lernen Sie die grundlegenden Befehle zur Navigation durch das Dateisystem kennen. Diese Befehle helfen Ihnen, Verzeichnisse zu wechseln, Dateien und Ordner aufzulisten und eine grafische Darstellung der Verzeichnisstruktur anzuzeigen.

Grundlegende Navigationsbefehle

1. cd - Verzeichnis wechseln

Der Befehl cd (kurz für „change directory") wird verwendet, um das aktuelle Verzeichnis zu wechseln. Dies ist einer der grundlegendsten und am häufigsten verwendeten Befehle in der CMD.

Verwendung:

- **Wechseln in ein Unterverzeichnis:**

  - Sie können mit cd in ein Unterverzeichnis wechseln, das sich im aktuellen Verzeichnis befindet.

-

  - Beispiel:

```
cd Dokumente
```

  - Wenn Sie sich zuvor im Verzeichnis C:\Users\IhrBenutzername befanden, wechseln Sie nach diesem Befehl in C:\Users\IhrBenutzername\Dokumente.

- **Wechseln in ein übergeordnetes Verzeichnis:**

  - Um in das übergeordnete Verzeichnis (eine Ebene höher) zu wechseln, verwenden Sie:

```
cd ..
```

  - Wenn Sie sich im Verzeichnis C:\Users\IhrBenutzername\Dokumente befinden, gelangen Sie mit diesem Befehl nach C:\Users\IhrBenutzername.

- **Wechseln in ein Verzeichnis auf einem anderen Laufwerk:**

  - Wenn Sie in ein Verzeichnis auf einem anderen Laufwerk wechseln möchten, müssen Sie zuerst das Laufwerk wechseln und dann das Verzeichnis angeben.

  - Beispiel:

```
D:
cd Projekte
```

- **Wechseln in ein Verzeichnis mit einem absoluten Pfad:**

  o Sie können den cd-Befehl auch verwenden, um direkt in ein Verzeichnis mit einem vollständigen Pfad zu wechseln.

```
Beispiel:
cd C:\Programme\Microsoft Office
```

- **Wechseln in ein Verzeichnis mit einem relativen Pfad:**

  o Relativer Pfad bedeutet, dass Sie vom aktuellen Verzeichnis ausgehen.

  o Beispiel:

```
cd ..\Downloads
```

Beachten Sie:

- Wenn der Verzeichnisname Leerzeichen enthält, müssen Sie den Verzeichnisnamen in Anführungszeichen setzen.

  o Beispiel:

```
cd "Mein Ordner"
```

2. dir - Dateien und Verzeichnisse auflisten

Der Befehl dir listet alle Dateien und Verzeichnisse im aktuellen Verzeichnis auf. Es ist ein sehr nützlicher Befehl, um sich einen Überblick über den Inhalt eines Verzeichnisses zu verschaffen.

Verwendung:

- **Einfacher dir-Befehl:**

  o Um den Inhalt des aktuellen Verzeichnisses anzuzeigen, geben Sie einfach dir ein.

  o Beispiel:

```
dir
```

- Ausgabe:

```
Verzeichnis von C:\Users\IhrBenutzername\Dokumente


01.08.2024  10:00    <DIR>            .

01.08.2024  10:00    <DIR>            ..

01.08.2024  10:00    <DIR>            Projekte

01.08.2024  10:00              2.048  Datei.txt
```

- **Verwendung von Parametern:**

  o Sie können dir mit verschiedenen Parametern verwenden, um die Ausgabe zu filtern oder zu sortieren.

  o Beispiel:

    - **Alle Dateien und Unterverzeichnisse einschließlich versteckter Dateien anzeigen:**

```
dir /a
```

    - **In allen Unterverzeichnissen suchen:**

```
dir /s
```

    - **Nur Verzeichnisse anzeigen:**

```
dir /ad
```

- **Ausgabe in eine Datei schreiben:**

  o Um die Ausgabe des dir-Befehls in eine Datei zu schreiben, können Sie den Umleitungsoperator > verwenden.

  o Beispiel:

```
dir > verzeichnisinhalt.txt
```

Beachten Sie:

- Sie können den dir-Befehl auch verwenden, um den Inhalt eines anderen Verzeichnisses anzuzeigen, indem Sie den Pfad zum Verzeichnis angeben.

  o Beispiel:

```
dir C:\Programme
```

3. tree - Verzeichnisstruktur grafisch anzeigen

Der Befehl tree zeigt die Verzeichnisstruktur eines Laufwerks oder Pfades in einer grafischen Darstellung an. Dies ist besonders nützlich, um eine Übersicht über die Struktur von Verzeichnissen und Unterverzeichnissen zu erhalten.

Verwendung:

- **Einfacher tree-Befehl:**

  o Geben Sie tree ein, um die Verzeichnisstruktur des aktuellen Verzeichnisses anzuzeigen.

  o Beispiel:

```
tree
```

- Ausgabe:

```
C:.
├───Dokumente
│   ├───Projekte
│   └───Berichte
├───Bilder
└───Downloads
```

- **Verwendung mit einem Pfad:**

- o Sie können tree mit einem Pfad verwenden, um die Struktur eines bestimmten Verzeichnisses anzuzeigen.

- o Beispiel:

```
tree C:\Users\IhrBenutzername\Dokumente
```

- **Struktur inklusive Dateien anzeigen:**

  - o Standardmäßig zeigt tree nur die Verzeichnisse an. Um auch die Dateien anzuzeigen, verwenden Sie den Parameter /f.

  - o Beispiel:

```
tree /f
```

  - ▪ Ausgabe:

```
C:.
├───Dokumente
│   ├───Projekte
│   │       projekt1.txt
│   │       projekt2.txt
│   └───Berichte
│           bericht1.docx
├───Bilder
│       bild1.jpg
│       bild2.png
└───Downloads
        setup.exe
```

- **Grafische Struktur in eine Datei schreiben:**

  - o Um die Ausgabe des tree-Befehls in eine Datei zu schreiben, verwenden Sie den Umleitungsoperator >.

```
tree /f > verzeichnisstruktur.txt
```

Zusammenfassung

Die grundlegenden Navigationsbefehle cd, dir und tree sind essenziell für die effiziente Navigation und Verwaltung von Dateien und Verzeichnissen in der CMD. Mit cd können Sie durch das Dateisystem navigieren, dir listet den Inhalt von Verzeichnissen auf, und tree bietet eine grafische Darstellung der Verzeichnisstruktur. Diese Befehle sind die Basis für das Arbeiten in der CMD und ermöglichen Ihnen, sich schnell und effizient in Ihrem Dateisystem zu bewegen.

Beispiele und Tipps zur Navigation

Die Navigation in der CMD erfordert ein Verständnis für die Verwendung von Befehlen und Pfaden, um sich effizient im Dateisystem zu bewegen. Hier sind einige praktische Beispiele und Tipps, wie Sie die grundlegenden Navigationsbefehle und Pfade optimal nutzen können.

1. Nutzung relativer und absoluter Pfade

Absoluter Pfad:

- Ein absoluter Pfad beschreibt den vollständigen Weg vom Stammverzeichnis (Root) bis zu einer Datei oder einem Verzeichnis. Er beginnt immer mit einem Laufwerksbuchstaben (z.B. C:\) und listet alle Verzeichnisse bis zum Ziel auf.

Beispiele:

- Wechseln in ein Verzeichnis mithilfe eines absoluten Pfads:

```
cd C:\Users\IhrBenutzername\Dokumente
```

- Auflisten der Dateien in einem bestimmten Verzeichnis:

```
dir C:\Programme
```

Relativer Pfad:

- Ein relativer Pfad beschreibt den Weg zu einem Verzeichnis oder einer Datei ausgehend vom aktuellen Verzeichnis. Relativer Pfade verwenden keine Laufwerksbuchstaben und beginnen nicht beim Stammverzeichnis.

Beispiele:

- Wechseln in ein Unterverzeichnis:

```
cd Dokumente
```

- Wechseln in das übergeordnete Verzeichnis (eine Ebene höher):

```
cd ..
```

Tipp:

- Verwenden Sie relative Pfade, wenn Sie häufig innerhalb eines bestimmten Verzeichnisses arbeiten und nicht jedes Mal den vollständigen Pfad eingeben möchten. Dies spart Zeit und reduziert Tippfehler.

Kombinierte Nutzung von relativen und absoluten Pfaden:

- Sie können relative Pfade in Kombination mit dem cd-Befehl verwenden, um in ein Verzeichnis zu wechseln, das sich eine Ebene höher und dann in einem anderen Unterverzeichnis befindet.

```
cd ..\Downloads
```

  o Dieser Befehl wechselt eine Ebene höher und dann in das Verzeichnis „Downloads" im übergeordneten Verzeichnis.

2. Verzeichnisbaum visualisieren

Die Visualisierung der Verzeichnisstruktur kann Ihnen helfen, eine Übersicht über die Ordner und Dateien in einem Verzeichnis zu erhalten. Der tree-Befehl ist hierfür das ideale Werkzeug.

Verwenden von tree zur Visualisierung:

- **Verzeichnisstruktur anzeigen:**

  - Um die gesamte Verzeichnisstruktur des aktuellen Verzeichnisses anzuzeigen:

```
tree
```

  - Beispielausgabe:

```
C:.
├───Dokumente
│   ├───Projekte
│   └───Berichte
├───Bilder
└───Downloads
```

- **Verzeichnisstruktur mit Dateien anzeigen:**

  - Um eine detaillierte Ansicht zu erhalten, die auch Dateien enthält, verwenden Sie den Parameter /f:

```
tree /f
```

  - Beispielausgabe:

```
C:.
├───Dokumente
│   ├───Projekte
│   │       projekt1.txt
```

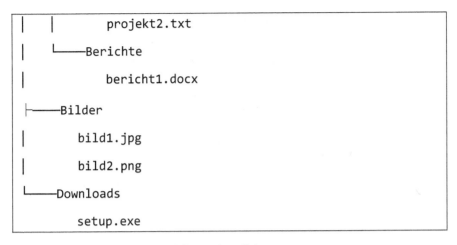

```
|   |       projekt2.txt
|   └────Berichte
|           bericht1.docx
├────Bilder
|       bild1.jpg
|       bild2.png
└────Downloads
        setup.exe
```

- **Bestimmtes Verzeichnis visualisieren:**

  o Um die Struktur eines bestimmten Verzeichnisses anzuzeigen, geben Sie den Pfad direkt nach dem tree-Befehl an:

```
tree C:\Users\IhrBenutzername\Dokumente
```

- Dies zeigt die Verzeichnisstruktur unterhalb des angegebenen Pfads.

Tipp:

- Sie können die Ausgabe von tree in eine Textdatei umleiten, um die Verzeichnisstruktur zu dokumentieren oder später darauf zurückzugreifen:

```
tree /f > verzeichnisstruktur.txt
```

  o Dadurch wird die Struktur in der Datei verzeichnisstruktur.txt gespeichert, die Sie in einem Texteditor öffnen können.

Weitere Tipps zur Navigation:

- **Verwenden der Tabulator-Taste:**

- o Die **Tab**-Taste hilft Ihnen, Dateinamen oder Verzeichnisse automatisch zu vervollständigen, was besonders nützlich ist, wenn Sie lange Namen eingeben müssen.

- **Schnell zu einem Laufwerk wechseln:**

  - o Wenn Sie zu einem anderen Laufwerk wechseln möchten, geben Sie einfach den Laufwerksbuchstaben gefolgt von einem Doppelpunkt ein (z.B. D:), ohne cd zu verwenden.

- **Vorherige Befehle wiederholen:**

  - o Nutzen Sie die **Pfeiltasten nach oben** und **unten**, um durch zuvor eingegebene Befehle zu blättern. Dies ist nützlich, um Befehle schnell zu wiederholen oder zu bearbeiten.

- **Kombinierte Befehle:**

  - o Sie können mehrere Befehle in einer Zeile kombinieren, indem Sie sie mit && verknüpfen. Dies führt die Befehle nacheinander aus.

```
cd Dokumente && dir
```

- ▪ Dieser Befehl wechselt zuerst in das Verzeichnis „Dokumente" und listet dann den Inhalt auf.

Zusammenfassung

Die effiziente Nutzung von relativen und absoluten Pfaden sowie die Fähigkeit, Verzeichnisbäume grafisch zu visualisieren, sind entscheidend für die Navigation und Verwaltung von Dateien und Verzeichnissen in der CMD. Durch den Einsatz dieser Techniken können Sie sich schnell und effizient im Dateisystem bewegen und die Struktur Ihrer Verzeichnisse besser verstehen und dokumentieren.

4. Datei- und Verzeichnisoperationen

In der CMD können Sie eine Vielzahl von Operationen auf Dateien und Verzeichnissen durchführen. Zu den grundlegenden Operationen gehören das Erstellen, Löschen und Verschieben von Dateien und Verzeichnissen. In diesem Abschnitt werden die entsprechenden Befehle erläutert, einschließlich der Befehle zum Kopieren, Löschen und Verschieben von Dateien und Verzeichnissen.

Dateien erstellen, löschen und verschieben

Bevor wir uns den spezifischen Befehlen zum Kopieren, Löschen und Verschieben widmen, hier ein kurzer Überblick, wie man Dateien und Verzeichnisse in der CMD erstellt:

Dateien erstellen

1. **Einfache Textdatei erstellen:**

1.

   - ie können eine neue Textdatei erstellen und gleichzeitig eine Zeile Text hinzufügen, indem Sie den echo-Befehl verwenden und den Inhalt in eine Datei umleiten.

   - Beispiel:

```
echo Dies ist eine neue Datei > neue_datei.txt
```

   - Dieser Befehl erstellt eine Datei namens neue_datei.txt im aktuellen Verzeichnis mit dem Text „Dies ist eine neue Datei".

2. **Leere Datei erstellen:**

   - Um eine leere Datei zu erstellen, können Sie den type nul-Befehl verwenden:

```
type nul > leere_datei.txt
```

Verzeichnisse erstellen

1. **Verzeichnis erstellen:**

   o   Verwenden Sie den mkdir-Befehl (oder die Kurzform md), um ein neues Verzeichnis zu erstellen:

```
mkdir MeinVerzeichnis
```

Dateien kopieren

Es gibt verschiedene Befehle zum Kopieren von Dateien in der CMD, je nachdem, ob Sie einfache Kopiervorgänge durchführen oder ganze Verzeichnisbäume kopieren möchten.

1. copy - Dateien kopieren

Der copy-Befehl wird verwendet, um eine oder mehrere Dateien von einem Ort zu einem anderen zu kopieren. Dieser Befehl eignet sich für einfache Kopiervorgänge.

Verwendung:

-   **Einzelne Datei kopieren:**

    o   Um eine Datei zu kopieren, geben Sie den Quellpfad und den Zielpfad an:

```
copy C:\Quelle\datei.txt D:\Ziel\datei.txt
```

      ▪   Dieser Befehl kopiert datei.txt von C:\Quelle nach D:\Ziel.

-   **Mehrere Dateien mit einem bestimmten Dateityp kopieren:**

    o   Sie können auch mehrere Dateien gleichzeitig kopieren, indem Sie Wildcards verwenden:

```
copy C:\Quelle\*.txt D:\Ziel\
```

- Dieser Befehl kopiert alle .txt-Dateien aus dem Verzeichnis C:\Quelle in das Verzeichnis D:\Ziel.

- **Dateien zusammenführen:**

  o Sie können mehrere Dateien zusammenführen und als eine Datei speichern:

```
copy datei1.txt + datei2.txt zusammengefasst.txt
```

- Dieser Befehl fügt datei1.txt und datei2.txt zusammen und speichert das Ergebnis als zusammengefasst.txt.

2. xcopy - Verzeichnisse und Dateien kopieren

xcopy ist ein erweitertes Tool zum Kopieren von Dateien und Verzeichnissen. Es bietet mehr Optionen als copy und wird oft verwendet, wenn ganze Verzeichnisstrukturen kopiert werden müssen.

Verwendung:

- **Komplettes Verzeichnis kopieren:**

  o Um ein komplettes Verzeichnis einschließlich aller Unterverzeichnisse und Dateien zu kopieren, verwenden Sie:

```
xcopy C:\Quelle D:\Ziel /E /I
```

- /E kopiert alle Unterverzeichnisse, auch leere.

- /I gibt an, dass das Ziel ein Verzeichnis ist, wenn es nicht bereits existiert.

- **Nur neue und geänderte Dateien kopieren:**

  o Um nur die Dateien zu kopieren, die neuer oder geändert sind, verwenden Sie:

```
xcopy C:\Quelle D:\Ziel /D
```

- **Verzeichnisstruktur ohne Dateien kopieren:**

- o Um nur die Struktur der Verzeichnisse ohne die Dateien zu kopieren:

```
xcopy C:\Quelle D:\Ziel /T /E
```

- - /T kopiert die Struktur der Verzeichnisse, aber keine Dateien.
  - /E kopiert alle Verzeichnisse, auch leere.

Dateien löschen

Das Löschen von Dateien kann mit den Befehlen del und erase durchgeführt werden. Beide Befehle sind nahezu identisch und können austauschbar verwendet werden.

1. del - Dateien löschen

Der del-Befehl löscht eine oder mehrere Dateien. Wenn Sie sicherstellen möchten, dass eine Datei nicht versehentlich gelöscht wird, können Sie den Befehl so konfigurieren, dass er nach einer Bestätigung fragt.

Verwendung:

- **Einzelne Datei löschen:**
  - o Um eine Datei zu löschen, geben Sie den Pfad zur Datei an:

```
del C:\Beispiel\datei.txt
```

- **Mehrere Dateien mit einem bestimmten Dateityp löschen:**
  - o Um alle Dateien eines bestimmten Typs in einem Verzeichnis zu löschen:

```
del C:\Beispiel\*.txt
```

- **Löschen ohne Bestätigung:**
  - o Standardmäßig löscht del Dateien ohne Rückfrage. Um das Verhalten zu ändern, können Sie /p verwenden:

```
del C:\Beispiel\datei.txt /p
```

- ▪ Dieser Befehl fordert vor dem Löschen der Datei eine Bestätigung an.

2. erase - Dateien löschen

Der erase-Befehl funktioniert identisch wie del und kann auf die gleiche Weise verwendet werden.

Verwendung:

- **Einzelne Datei löschen:**

```
erase C:\Beispiel\datei.txt
```

Dateien und Verzeichnisse verschieben

Der move-Befehl wird verwendet, um Dateien oder Verzeichnisse von einem Ort zu einem anderen zu verschieben. Dies ist besonders nützlich, wenn Sie den Speicherort einer Datei ändern möchten, ohne sie zu kopieren.

1. move - Dateien und Verzeichnisse verschieben

Verwendung:

- **Einzelne Datei verschieben:**
  - o Um eine Datei von einem Verzeichnis in ein anderes zu verschieben:

```
move C:\Beispiel\datei.txt D:\Ziel\
```

- ▪ Dieser Befehl verschiebt datei.txt von C:\Beispiel nach D:\Ziel.

- **Mehrere Dateien verschieben:**
  - o Sie können mehrere Dateien mit einem bestimmten Muster verschieben:

```
move C:\Beispiel\*.txt D:\Ziel\
```

- Dieser Befehl verschiebt alle .txt-Dateien von C:\Beispiel nach D:\Ziel.

- **Verzeichnis verschieben:**

  o Um ein ganzes Verzeichnis zu verschieben:

```
move C:\Beispiel\MeinOrdner D:\Ziel\
```

- Dieser Befehl verschiebt das Verzeichnis MeinOrdner nach D:\Ziel.

Beachten Sie:

- Wenn das Zielverzeichnis bereits eine Datei oder ein Verzeichnis mit dem gleichen Namen enthält, werden Sie gefragt, ob die vorhandene Datei/Verzeichnis überschrieben werden soll.

Zusammenfassung

Die Befehle copy, xcopy, del, erase und move sind grundlegende Werkzeuge für die Datei- und Verzeichnisoperationen in der CMD. Mit diesen Befehlen können Sie effizient Dateien und Verzeichnisse erstellen, kopieren, löschen und verschieben. Das Verständnis dieser Befehle ist entscheidend, um das Dateisystem zu verwalten und Ihre Arbeit in der CMD zu optimieren.

4. Datei- und Verzeichnisoperationen

Verzeichnisse erstellen und löschen

In der CMD können Sie Verzeichnisse (Ordner) erstellen und löschen, um Ihre Dateien und Verzeichnisse zu organisieren. Diese grundlegenden Operationen werden mit den Befehlen mkdir (oder md) und rmdir (oder rd) durchgeführt.

1. mkdir - Verzeichnisse erstellen

Der Befehl mkdir (kurz für „make directory") wird verwendet, um ein neues Verzeichnis zu erstellen. Sie können diesen Befehl verwenden, um sowohl einzelne Verzeichnisse als auch mehrere Verzeichnisse gleichzeitig zu erstellen.

Verwendung:

- **Ein einzelnes Verzeichnis erstellen:**

  o Um ein neues Verzeichnis im aktuellen Verzeichnis zu erstellen, geben Sie einfach den Namen des neuen Verzeichnisses nach dem mkdir-Befehl ein.

-

  o Beispiel:

```
mkdir MeinVerzeichnis
```

  - Dieser Befehl erstellt ein Verzeichnis namens MeinVerzeichnis im aktuellen Verzeichnis.

- **Verzeichnis mit absolutem Pfad erstellen:**

  o Sie können ein Verzeichnis auch an einem bestimmten Ort im Dateisystem erstellen, indem Sie den vollständigen Pfad angeben.

  o Beispiel:

```
mkdir C:\Users\IhrBenutzername\Dokumente\NeuesVerzeichnis
```

  - Dieser Befehl erstellt ein Verzeichnis namens NeuesVerzeichnis im Verzeichnis Dokumente.

- **Mehrere Verzeichnisse gleichzeitig erstellen:**

  o Mit mkdir können Sie mehrere Verzeichnisse gleichzeitig erstellen, indem Sie die Pfade der Verzeichnisse nacheinander angeben.

  o Beispiel:

```
mkdir Verzeichnis1 Verzeichnis2 Verzeichnis3
```

- Dieser Befehl erstellt die Verzeichnisse Verzeichnis1, Verzeichnis2 und Verzeichnis3 im aktuellen Verzeichnis.

- **Verschachtelte Verzeichnisse erstellen:**

  - Sie können verschachtelte Verzeichnisse (mehrere Ebenen) in einem Schritt erstellen:

  - Beispiel:

```
mkdir Hauptverzeichnis\Unterverzeichnis1\Unterverzeichnis2
```

- Dieser Befehl erstellt das Hauptverzeichnis und darin die Unterverzeichnis1 und Unterverzeichnis2, falls diese noch nicht existieren.

2. rmdir - Verzeichnisse löschen

Der Befehl rmdir (kurz für „remove directory") wird verwendet, um ein leeres Verzeichnis zu löschen. Wenn ein Verzeichnis nicht leer ist, müssen Sie entweder alle enthaltenen Dateien und Unterverzeichnisse löschen oder spezielle Parameter verwenden, um das Verzeichnis und seinen gesamten Inhalt zu entfernen.

Verwendung:

- **Ein leeres Verzeichnis löschen:**

  - Um ein leeres Verzeichnis zu löschen, geben Sie den Namen des Verzeichnisses nach dem rmdir-Befehl ein.

  - Beispiel:

```
rmdir MeinVerzeichnis
```

- Dieser Befehl löscht das Verzeichnis MeinVerzeichnis, sofern es leer ist.

- **Verzeichnis mit absolutem Pfad löschen:**

- o Sie können ein Verzeichnis an einem bestimmten Ort im Dateisystem löschen, indem Sie den vollständigen Pfad angeben.

- o Beispiel:

```
rmdir C:\Users\IhrBenutzername\Dokumente\NeuesVerzeichnis
```

  - Dieser Befehl löscht das Verzeichnis NeuesVerzeichnis im Verzeichnis Dokumente.

- **Nicht leeres Verzeichnis löschen:**

  - o Um ein Verzeichnis zu löschen, das Dateien oder Unterverzeichnisse enthält, verwenden Sie den Parameter /S.

  - o Beispiel:

```
rmdir /S MeinVerzeichnis
```

  - Dieser Befehl löscht das Verzeichnis MeinVerzeichnis und alle darin enthaltenen Dateien und Unterverzeichnisse nach einer Bestätigungsaufforderung.

- **Bestätigung unterdrücken:**

  - o Um das Verzeichnis ohne Bestätigung zu löschen, fügen Sie den Parameter /Q (quiet) hinzu:

  - o Beispiel:

```
rmdir /S /Q MeinVerzeichnis
```

  - Dieser Befehl löscht das Verzeichnis MeinVerzeichnis und seinen gesamten Inhalt ohne Rückfrage.

Hinweise:

- rmdir kann keine Verzeichnisse löschen, die Dateien oder Unterverzeichnisse enthalten, es sei denn, Sie verwenden den Parameter /S.

- Seien Sie vorsichtig beim Löschen von Verzeichnissen mit /S, da dies unwiderruflich alle Inhalte löscht.

Zusammenfassung

Die Befehle mkdir und rmdir sind essenziell für die Verwaltung von Verzeichnissen in der CMD. Mit mkdir können Sie schnell und effizient neue Verzeichnisse erstellen, während rmdir das Löschen leerer Verzeichnisse oder das Entfernen ganzer Verzeichnisbäume ermöglicht. Das Verständnis dieser Befehle hilft Ihnen, Ihre Dateien und Verzeichnisse in der CMD optimal zu organisieren und zu verwalten.

Erweiterte Dateimanipulationen

Zusätzlich zu den grundlegenden Operationen wie Kopieren, Löschen und Verschieben bietet die CMD auch erweiterte Befehle für die Manipulation und Verwaltung von Dateien. Zwei solcher Befehle sind attrib und fc. Mit attrib können Sie Dateiattribute ändern, während fc Ihnen ermöglicht, den Inhalt von Dateien zu vergleichen.

1. attrib - Dateiattribute ändern

Der Befehl attrib wird verwendet, um die Attribute von Dateien und Verzeichnissen zu ändern. Dateiattribute bestimmen, wie das Betriebssystem mit einer Datei umgeht. Typische Attribute sind „Schreibgeschützt", „Versteckt" oder „Archiv".

Verfügbare Attribute:

- **R (Read-only):** Die Datei ist schreibgeschützt. Sie kann gelesen, aber nicht verändert oder gelöscht werden.

- **A (Archive):** Das Archiv-Attribut wird verwendet, um anzuzeigen, dass die Datei geändert wurde, seit sie zuletzt gesichert wurde.

- **S (System):** Die Datei ist eine Systemdatei, die vom Betriebssystem verwendet wird.

- **H (Hidden):** Die Datei ist versteckt und wird im Datei-Explorer standardmäßig nicht angezeigt.

Verwendung:

- **Attribute anzeigen:**

-

  o Um die aktuellen Attribute einer Datei oder eines Verzeichnisses anzuzeigen:

```
attrib datei.txt
```

  - Dieser Befehl zeigt die Attribute der Datei datei.txt an.

- **Schreibschutz-Attribut hinzufügen:**

  o Um eine Datei schreibgeschützt zu machen, verwenden Sie das +R-Attribut:

```
attrib +R datei.txt
```

- **Schreibschutz-Attribut entfernen:**

  o Um den Schreibschutz von einer Datei zu entfernen, verwenden Sie das -R-Attribut:

```
attrib -R datei.txt
```

- **Versteckt-Attribut hinzufügen:**

  o Um eine Datei oder ein Verzeichnis zu verstecken:

```
attrib +H geheim.txt
```

- **Versteckt-Attribut entfernen:**

  - Um eine versteckte Datei oder ein verstecktes Verzeichnis wieder sichtbar zu machen:

```
attrib -H geheim.txt
```

- **System-Attribut hinzufügen oder entfernen:**

  - Um eine Datei als Systemdatei zu markieren:

```
attrib +S systemdatei.sys
```

  - Um das System-Attribut zu entfernen:

```
attrib -S systemdatei.sys
```

- **Mehrere Attribute gleichzeitig ändern:**

  - Sie können mehrere Attribute gleichzeitig hinzufügen oder entfernen:

```
attrib +R +H datei.txt
```

    - Dieser Befehl macht die Datei datei.txt schreibgeschützt und versteckt.

Tipp:

- Verwenden Sie attrib /S /D, um Attribute für alle Dateien und Unterverzeichnisse im aktuellen Verzeichnis und seinen Unterverzeichnissen zu ändern:

```
attrib +H +S /S /D C:\Beispiel\*
```

  - Dieser Befehl macht alle Dateien und Verzeichnisse unter C:\Beispiel versteckt und als Systemdateien gekennzeichnet.

2. fc - Dateien vergleichen

Der Befehl fc (File Compare) wird verwendet, um den Inhalt von zwei Dateien zu vergleichen. Dies ist nützlich, wenn Sie wissen möchten, ob zwei Dateien identisch sind oder sich in bestimmten Zeilen unterscheiden.

Verwendung:

- **Einfache Datei-zu-Datei-Vergleich:**

  o Um zwei Textdateien zu vergleichen, geben Sie beide Dateinamen als Argumente an:

```
fc datei1.txt datei2.txt
```

  - Dieser Befehl vergleicht die Dateien datei1.txt und datei2.txt und zeigt die Unterschiede Zeile für Zeile an.

- **Binärer Vergleich:**

  o Um den binären Inhalt zweier Dateien zu vergleichen (byteweise Vergleich):

```
fc /b datei1.exe datei2.exe
```

  - Dieser Befehl vergleicht die Dateien datei1.exe und datei2.exe auf byteweiser Ebene.

- **Vergleich ohne Berücksichtigung von Groß-/Kleinschreibung:**

  o Um den Vergleich ohne Berücksichtigung der Groß-/Kleinschreibung durchzuführen:

```
fc /c datei1.txt datei2.txt
```

- **Zeilenweise Vergleich mit Timeout:**

  o Sie können eine maximale Anzahl von Zeilen festlegen, die fc vergleichen soll, bevor es stoppt:

```
fc /n datei1.txt datei2.txt
```

  - Dieser Befehl zeigt die Unterschiede an und markiert die Zeilennummern.

Beispiel für einen Vergleich:

- **Textdateien vergleichen und Unterschiede finden:**

```
fc C:\Texte\original.txt C:\Texte\kopie.txt
```

   o Ausgabe:

```
Vergleich der Dateien C:\Texte\original.txt und
C:\Texte\kopie.txt

***** C:\Texte\original.txt

Dies ist eine Beispielzeile.

***** C:\Texte\kopie.txt

Dies ist eine andere Zeile.
```

Tipp:

- Der fc-Befehl ist besonders nützlich, wenn Sie den Inhalt von Konfigurationsdateien, Skripten oder Dokumenten vergleichen müssen, um Änderungen oder Unterschiede zu identifizieren.

Zusammenfassung

Die Befehle attrib und fc bieten erweiterte Funktionen für die Dateimanipulation in der CMD. Mit attrib können Sie Dateiattribute ändern, um den Zugriff und die Sichtbarkeit von Dateien zu steuern, während fc Ihnen ermöglicht, den Inhalt von Dateien zu vergleichen, um Unterschiede zu identifizieren. Diese Befehle erweitern Ihre Fähigkeit, Dateien und Verzeichnisse präzise und effizient zu verwalten.

Beispiele und praktische Anwendungen

Nachdem wir die grundlegenden und erweiterten Datei- und Verzeichnisoperationen besprochen haben, ist es hilfreich, einige konkrete Beispiele und praktische Anwendungen zu betrachten. Diese

Beispiele zeigen, wie die zuvor besprochenen Befehle in realen Szenarien verwendet werden können, um alltägliche Aufgaben zu bewältigen.

Beispiel 1: Sicherung und Archivierung von Dateien

Szenario: Sie möchten regelmäßig eine Sicherung wichtiger Dateien aus einem Verzeichnis erstellen und diese auf ein externes Laufwerk kopieren.

Lösung:

1. **Erstellen eines Backup-Verzeichnisses:**

   o Erstellen Sie auf dem externen Laufwerk ein Verzeichnis für die Sicherungen:

```
mkdir D:\Backup\2024-08-01
```

2. **Kopieren der Dateien:**

   o Kopieren Sie die Dateien aus dem Quellverzeichnis in das neue Backup-Verzeichnis:

```
xcopy C:\WichtigeDateien\* D:\Backup\2024-08-01 /E /I /Y
```

   ▪ /E kopiert alle Unterverzeichnisse, auch leere.

   ▪ /I gibt an, dass das Ziel ein Verzeichnis ist.

   ▪ /Y unterdrückt die Aufforderung zur Bestätigung des Überschreibens.

Erweiterung:

- Sie könnten diesen Prozess automatisieren, indem Sie ihn in ein Batch-Skript einfügen, das täglich ausgeführt wird.

Beispiel 2: Bereinigen eines Download-Verzeichnisses

Szenario: Ihr Download-Verzeichnis ist überfüllt mit alten und unnötigen Dateien, die Sie regelmäßig bereinigen möchten.

Lösung:

1. **Löschen aller .zip-Dateien älter als 30 Tage:**

   o   Verwenden Sie den Befehl forfiles, um die Dateien auszuwählen und zu löschen:

```
forfiles /p "C:\Users\IhrBenutzername\Downloads" /s /m *.zip /d -
30 /c "cmd /c del @file"
```

   - /p gibt den Pfad zum Verzeichnis an.

   - /s durchläuft alle Unterverzeichnisse.

   - /m definiert das Suchmuster (in diesem Fall .zip-Dateien).

   - /d -30 wählt Dateien aus, die älter als 30 Tage sind.

   - /c "cmd /c del @file" führt den del-Befehl auf jede gefundene Datei aus.

2. **Löschen leerer Verzeichnisse:**

   o   Entfernen Sie alle leeren Verzeichnisse aus dem Download-Ordner:

```
for /d %i in (C:\Users\IhrBenutzername\Downloads\*) do rmdir "%i"
/s /q
```

Erweiterung:

- Dieses Skript könnte monatlich geplant werden, um Ihr Download-Verzeichnis sauber zu halten.

Beispiel 3: Vergleich von Konfigurationsdateien nach einer Systemänderung

Szenario: Nach einer Systemänderung möchten Sie überprüfen, ob sich eine bestimmte Konfigurationsdatei geändert hat.

Lösung:

1. **Vergleich der aktuellen Datei mit einer vorherigen Version:**

   o Verwenden Sie fc, um die aktuelle Version mit einer gesicherten Version zu vergleichen:

```
fc C:\System\config.txt D:\Backup\config_sicherung.txt
```

   ▪ Dieser Befehl zeigt die Unterschiede zwischen der aktuellen Konfigurationsdatei und der gesicherten Version an.

Erweiterung:

- Sie könnten regelmäßige Vergleiche automatisieren, um unerwünschte Änderungen an wichtigen Dateien zu überwachen.

Beispiel 4: Wiederherstellung von Dateiattributen nach einer Bereinigung

Szenario: Nach einer automatischen Bereinigung oder einem Viren-Scan wurden einige versteckte und systemgeschützte Dateien sichtbar gemacht. Sie möchten die ursprünglichen Attribute wiederherstellen.

Lösung:

1. **Wiederherstellung des Versteckt- und System-Attributs:**

   o Verwenden Sie attrib, um die ursprünglichen Attribute wiederherzustellen:

```
attrib +H +S C:\System\wichtig.txt
```

2. **Anwendung auf mehrere Dateien:**

   o Wenn mehrere Dateien betroffen sind, können Sie dies in einem Schritt für alle Dateien in einem Verzeichnis tun:

```
attrib +H +S /S /D C:\System\*.*
```

Erweiterung:

- Dies könnte in ein Skript integriert werden, das regelmäßig ausgeführt wird, um sicherzustellen, dass wichtige Dateien die richtigen Attribute behalten.

Beispiel 5: Organisation von Dateien in Kategorien

Szenario: Sie haben eine große Menge an Dokumenten, die Sie nach Typ organisieren möchten, indem Sie sie in entsprechende Verzeichnisse verschieben.

Lösung:

1. **Erstellen von Verzeichnissen für verschiedene Dateitypen:**

   o Erstellen Sie Verzeichnisse für verschiedene Kategorien:

```
mkdir C:\Dokumente\PDFs C:\Dokumente\Word C:\Dokumente\Excel
```

2. **Verschieben der Dateien in die entsprechenden Verzeichnisse:**

   o Verschieben Sie alle .pdf-Dateien in das PDFs-Verzeichnis:

```
move C:\Dokumente\*.pdf C:\Dokumente\PDFs\
```

   o Verschieben Sie alle .docx-Dateien in das Word-Verzeichnis:

```
move C:\Dokumente\*.docx C:\Dokumente\Word\
```

   o Verschieben Sie alle .xlsx-Dateien in das Excel-Verzeichnis:

```
move C:\Dokumente\*.xlsx C:\Dokumente\Excel\
```

Erweiterung:

- Sie können das Skript erweitern, um automatisch neue Dateien nach Typ in die entsprechenden Verzeichnisse zu verschieben.

Zusammenfassung

Diese Beispiele zeigen, wie die in der CMD verfügbaren Befehle für Datei- und Verzeichnisoperationen in praktischen Anwendungen eingesetzt werden können. Mit diesen Befehlen können Sie alltägliche Aufgaben wie das Sichern von Dateien, Bereinigen von Verzeichnissen, Vergleichen von Dateien und Wiederherstellen von Attributen effizient bewältigen. Das Verständnis dieser Befehle und ihre Anwendung auf reale Szenarien ist entscheidend, um die CMD effektiv zu nutzen.

5. Systeminformationen und Diagnosen

In der CMD können Sie detaillierte Systeminformationen abrufen und Diagnosewerkzeuge verwenden, um den aktuellen Zustand Ihres Computers zu überprüfen. Diese Werkzeuge sind besonders nützlich für Systemadministratoren und fortgeschrittene Benutzer, die eine tiefergehende Kontrolle und Überwachung ihres Systems benötigen. In diesem Abschnitt werden die Befehle systeminfo und tasklist erläutert, mit denen Sie wichtige Informationen über das System und die aktuell laufenden Prozesse abrufen können.

Systemstatus überprüfen

Eine der Stärken der CMD liegt in ihrer Fähigkeit, detaillierte Informationen über das System bereitzustellen. Diese Informationen können für die Diagnose von Problemen oder zur Planung von Systemaktualisierungen verwendet werden.

1. systeminfo - Systeminformationen anzeigen

Der Befehl systeminfo zeigt eine umfassende Liste von Informationen über das System an, einschließlich Betriebssystemversion, installierten Hotfixes, Netzwerkadapterkonfigurationen und Hardwareinformationen. Dies ist besonders nützlich, wenn Sie schnell einen Überblick über den Zustand und die Konfiguration Ihres Systems benötigen.

Verwendung:

- **Einfacher systeminfo-Befehl:**
  - Um die vollständige Liste der Systeminformationen anzuzeigen, geben Sie einfach systeminfo ein:

- Dieser Befehl zeigt eine detaillierte Ausgabe, die Informationen wie die folgenden umfasst:

  - Betriebssystemversion und -build

  - Installationsdatum des Betriebssystems

  - Systemhersteller und Modell

  - BIOS-Version

  - Gesamter physischer Speicher (RAM)

  - Verfügbare physische und virtuelle Speicherressourcen

  - Netzwerkadapterinformationen

- **Beispielhafte Ausgabe:**

```
Hostname:                    MeinComputer

Betriebssystemname:          Microsoft Windows 10 Pro

Betriebssystemversion:       10.0.19044 N/A Build 19044

BIOS-Version:                American Megatrends Inc. 1.0.0,
01.01.2021

Gesamter physischer Speicher: 16,384 MB

Verfügbarer physischer Speicher: 10,240 MB

Netzwerkadapter:             Ethernet-Adapter Ethernet:

                               Verbindungsspezifisches DNS-Suffix:
example.com

                               IPv4-Adresse:
192.168.1.100

                               Physische Adresse:          00-
1A-2B-3C-4D-5E
```

Tipp:

- Sie können die Ausgabe von systeminfo in eine Textdatei umleiten, um sie später zu analysieren oder weiterzugeben:

```
systeminfo > C:\Berichte\Systeminfo.txt
```

- **Filterung bestimmter Informationen:**

  o Wenn Sie nur bestimmte Informationen aus der Ausgabe von systeminfo anzeigen möchten, können Sie den Befehl mit findstr kombinieren:

```
systeminfo | findstr /C:"Betriebssystemversion" /C:"BIOS-Version"
/C:"Gesamter physischer Speicher"
```

  - Dieser Befehl zeigt nur die Betriebssystemversion, BIOS-Version und den Gesamtspeicher an.

2. tasklist - Aktive Prozesse anzeigen

Der Befehl tasklist zeigt eine Liste aller derzeit auf dem System laufenden Prozesse an. Dies ist besonders nützlich, um zu überwachen, welche Anwendungen und Hintergrundprozesse aktiv sind, sowie um Informationen über die Ressourcennutzung zu erhalten.

Verwendung:

- **Einfacher tasklist-Befehl:**

  o Um eine Liste aller laufenden Prozesse anzuzeigen, geben Sie tasklist ein:

```
tasklist
```

- Dieser Befehl zeigt eine Liste aller laufenden Prozesse mit Informationen wie dem Namen des Prozesses, der Prozess-ID (PID), der Speichernutzung und der Sitzungs-ID.

  ▪

- **Beispielhafte Ausgabe:**

```
Abbildname                      PID Sitzungsname     Sitz.-Nr. Speichernutzung

========================== ======== ================ ======== ===============

System Idle Process               0 Services                0           24 K

System                            4 Services                0          120 K

smss.exe                        396 Services                0        1,060 K

csrss.exe                       540 Services                0        4,300 K

wininit.exe                     604 Services                0        3,900 K

explorer.exe                   1804 Console                 1      108,456 K

chrome.exe                     6408 Console                 1      218,640 K
```

- **Bestimmte Prozesse anzeigen:**

  o Um nur bestimmte Prozesse anzuzeigen, können Sie tasklist mit findstr kombinieren:

```
tasklist | findstr chrome.exe
```

  ▪ Dieser Befehl filtert die Liste und zeigt nur die Prozesse mit dem Namen chrome.exe an.

- **Details zu Diensten anzeigen:**

  o Um eine detaillierte Liste der Prozesse einschließlich der zugehörigen Dienste anzuzeigen:

```
tasklist /svc
```

- Dieser Befehl zeigt zusätzliche Informationen wie die zugehörigen Dienste für jeden Prozess an.

- **Ressourcennutzung analysieren:**

  o Um die Ressourcennutzung zu überwachen, können Sie die Liste der Prozesse nach der Speichernutzung sortieren:

```
tasklist /fi "memusage gt 50000"
```

- Dieser Befehl zeigt nur die Prozesse an, die mehr als 50.000 KB (50 MB) Speicher verwenden.

Tipp:

- Sie können die Ausgabe von tasklist auch in eine Datei umleiten, um sie später zu analysieren oder weiterzugeben:

```
tasklist > C:\Berichte\Tasklist.txt
```

Prozesse analysieren und beenden:

- **Prozess anhand der PID beenden:**

  o Wenn Sie einen bestimmten Prozess beenden möchten, können Sie den taskkill-Befehl in Verbindung mit der Prozess-ID (PID) verwenden:

```
taskkill /PID 6408 /F
```

- Dieser Befehl beendet den Prozess mit der PID 6408 (z.B. chrome.exe).

Zusammenfassung

Die Befehle systeminfo und tasklist sind leistungsstarke Werkzeuge, um detaillierte Systeminformationen abzurufen und die laufenden Prozesse auf Ihrem System zu überwachen. Mit systeminfo erhalten Sie einen umfassenden Überblick über den Systemstatus, während tasklist Ihnen ermöglicht, aktive Prozesse zu analysieren und zu verwalten. Diese Befehle sind unerlässlich für die Systemdiagnose und das effiziente Management von Ressourcen in der CMD.

Netzwerkdiagnose

Die CMD bietet mehrere nützliche Befehle zur Diagnose und Analyse von Netzwerkverbindungen. Diese Werkzeuge sind besonders hilfreich, um Verbindungsprobleme zu identifizieren, die Netzwerkleistung zu überprüfen oder detaillierte Informationen über die Netzwerkkonfiguration Ihres Computers zu erhalten. In diesem Abschnitt werden die Befehle ping, tracert und ipconfig behandelt, die häufig zur Netzwerkdiagnose verwendet werden.

1. ping - Netzwerkverbindung testen

Der Befehl ping wird verwendet, um die Erreichbarkeit eines bestimmten Hosts im Netzwerk zu überprüfen. Er sendet eine Reihe von Paketen an die Zieladresse und misst die Zeit, die diese Pakete benötigen, um dorthin zu gelangen und zurückzukehren. Dies ist ein grundlegender Test, um festzustellen, ob eine Netzwerkverbindung besteht und wie stabil sie ist.

Verwendung:

- **Einfacher ping-Befehl:**

- o   Um die Erreichbarkeit eines Hosts zu testen, geben Sie ping gefolgt von der IP-Adresse oder dem Domainnamen des Ziels ein:

```
ping www.google.com
```

  - ▪ Dieser Befehl sendet vier Pakete an www.google.com und zeigt die Antwortzeiten sowie Informationen über den Paketverlust an.

- **Ununterbrochenes Pingen:**

  - o   Um kontinuierlich Pakete zu senden, bis der Befehl manuell gestoppt wird (nützlich für längere Tests):

```
ping www.google.com -t
```

  - ▪ Drücken Sie Strg + C, um den Test zu beenden.

- **Anzahl der Pakete begrenzen:**

  - o   Sie können die Anzahl der gesendeten Pakete begrenzen:

```
ping www.google.com -n 10
```

  - ▪ Dieser Befehl sendet 10 Pakete an www.google.com.

- **Paketgröße ändern:**

  - o   Um die Größe der gesendeten Pakete anzupassen:

```
ping www.google.com -l 1024
```

  - ▪ Dieser Befehl sendet Pakete mit einer Größe von 1024 Bytes.

Beispielhafte Ausgabe:

```
Antwort von 142.250.185.68: Bytes=32 Zeit=30ms TTL=53

Antwort von 142.250.185.68: Bytes=32 Zeit=29ms TTL=53

Antwort von 142.250.185.68: Bytes=32 Zeit=31ms TTL=53

Antwort von 142.250.185.68: Bytes=32 Zeit=28ms TTL=53


Ping-Statistik für 142.250.185.68:

    Pakete: Gesendet = 4, Empfangen = 4, Verloren = 0 (0%
Verlust),

Ca. Zeitangaben in Millisekunden:

    Minimum = 28ms, Maximum = 31ms, Mittelwert = 29ms
```

Tipp:

- ping ist oft der erste Schritt bei der Netzwerkdiagnose, um festzustellen, ob ein Ziel erreichbar ist und wie schnell die Verbindung ist.

2. tracert - Netzwerkpfad analysieren

Der Befehl tracert (Traceroute) zeigt den Weg, den Pakete zu einem Ziel im Netzwerk zurücklegen, und listet die Router auf, die sie auf ihrem Weg passieren. Dies ist nützlich, um Netzwerkprobleme zu diagnostizieren und Engpässe oder fehlerhafte Router zu identifizieren.

Verwendung:

- **Einfacher tracert-Befehl:**

    o Um den Pfad zu einem bestimmten Host zu analysieren, geben Sie tracert gefolgt von der IP-Adresse oder dem Domainnamen des Ziels ein:

```
tracert www.google.com
```

        ▪ Dieser Befehl zeigt den Weg der Pakete von Ihrem Computer zum Ziel und listet die Zeit auf, die sie benötigen, um jeden Router zu erreichen.

Beispielhafte Ausgabe:

```
Routenverfolgung zu www.google.com [142.250.185.68] über maximal
30 Hops:


1    <1 ms    <1 ms    <1 ms    192.168.1.1

2    10 ms    9 ms     9 ms     10.0.0.1

3    14 ms    13 ms    13 ms    100.64.0.1

4    28 ms    29 ms    29 ms    72.14.217.217

5    30 ms    30 ms    30 ms    142.250.185.68


Ablaufverfolgung beendet.
```

Tipp:

- tracert ist besonders hilfreich, wenn Sie herausfinden möchten, an welchem Punkt im Netzwerk eine Verzögerung oder ein Verbindungsproblem auftritt.

3. ipconfig - Netzwerkkonfiguration anzeigen

Der Befehl ipconfig zeigt die aktuelle Netzwerkkonfiguration Ihres Computers an, einschließlich der IP-Adresse, Subnetzmaske und des Standardgateways für alle Netzwerkadapter. Dieser Befehl ist besonders nützlich, um Netzwerkprobleme zu identifizieren und Ihre aktuelle Netzwerkkonfiguration zu überprüfen.

Verwendung:

- **Einfacher ipconfig-Befehl:**

    - o Um die grundlegenden Netzwerkinformationen anzuzeigen, geben Sie ipconfig ein:

```
ipconfig
```

- Dieser Befehl zeigt Informationen wie die IPv4-Adresse, Subnetzmaske und das Standardgateway für jeden Netzwerkadapter.

Beispielhafte Ausgabe:

```
Ethernet-Adapter Ethernet:

    Verbindungsspezifisches DNS-Suffix:
    IPv4-Adresse  . . . . . . . . . : 192.168.1.100
    Subnetzmaske  . . . . . . . . . : 255.255.255.0
    Standardgateway . . . . . . . . : 192.168.1.1
```

- **Detaillierte Informationen anzeigen:**

  o Um detailliertere Informationen, einschließlich der MAC-Adresse und DNS-Server, anzuzeigen, verwenden Sie den Parameter /all:

```
ipconfig /all
```

- **IP-Adresse erneuern:**

  o Um eine neue IP-Adresse vom DHCP-Server anzufordern, können Sie die folgenden Befehle verwenden:

    ▪ Freigeben der aktuellen IP-Adresse:

```
ipconfig /release
```

- Erneuern der IP-Adresse:

```
ipconfig /renew
```

- **DNS-Cache leeren:**

  o Um den DNS-Cache zu leeren und damit möglicherweise
    Probleme mit der Namensauflösung zu beheben:

```
ipconfig /flushdns
```

Tipp:

- ipconfig /all ist besonders nützlich, wenn Sie detaillierte
  Informationen über Ihre Netzwerkkonfiguration benötigen,
  insbesondere für die Fehlersuche bei Verbindungsproblemen.

Zusammenfassung

Die Befehle ping, tracert und ipconfig sind unverzichtbare Werkzeuge
zur Netzwerkdiagnose in der CMD. Mit ping können Sie die
Erreichbarkeit von Hosts überprüfen, mit tracert den Netzwerkpfad
analysieren und mit ipconfig detaillierte Informationen über Ihre
Netzwerkkonfiguration abrufen. Diese Befehle helfen Ihnen,
Netzwerkprobleme zu identifizieren und die Netzwerkleistung zu
optimieren.

Hardware- und Speichernutzung

Die CMD bietet mehrere Befehle zur Verwaltung und Überprüfung von
Festplatten und anderen Speichermedien. Diese Werkzeuge sind
besonders nützlich für die Diagnose und Verwaltung von
Speicherproblemen, die Durchführung von Festplattenprüfungen und
das Partitionieren von Festplatten. In diesem Abschnitt werden die

Befehle chkdsk und diskpart behandelt, die Ihnen helfen, Ihre Festplatten zu verwalten und auf Fehler zu überprüfen.

1. chkdsk - Festplatten überprüfen

Der Befehl chkdsk (kurz für „Check Disk") wird verwendet, um das Dateisystem und die Festplattenintegrität zu überprüfen und mögliche Fehler zu beheben. Er kann fehlerhafte Sektoren auf der Festplatte identifizieren und versuchen, Daten aus diesen Sektoren zu retten.

Verwendung:

- **Einfacher chkdsk-Befehl:**

  o Um eine grundlegende Überprüfung eines Laufwerks durchzuführen, geben Sie chkdsk gefolgt vom Laufwerksbuchstaben ein:

```
chkdsk C:
```

  - Dieser Befehl überprüft das Laufwerk C: auf Dateisystemfehler, führt jedoch keine Reparaturen durch.

- **Überprüfung und Reparatur:**

  o Um Fehler auf dem Laufwerk zu beheben, verwenden Sie den Parameter /f:

```
chkdsk C: /f
```

  - Dieser Befehl sucht nach Fehlern und versucht, diese zu beheben.

- **Oberflächenüberprüfung (Scannen nach fehlerhaften Sektoren):**

- o Um nach fehlerhaften Sektoren zu suchen und diese zu reparieren, verwenden Sie den Parameter /r:

```
chkdsk C: /r
```

- Dieser Befehl sucht nach fehlerhaften Sektoren, versucht, lesbare Daten zu retten, und repariert das Laufwerk.

- **Überprüfung eines Laufwerks ohne zu sperren:**
  - o Um das Laufwerk zu überprüfen, ohne es zu sperren (nur bei Dateisystemen, die das unterstützen):

```
chkdsk C: /scan
```

Beispielhafte Ausgabe:

```
Dateisystem auf C: wird überprüft

Der Typ des Dateisystems ist NTFS.

Volumenbezeichnung: Windows.


Eine Datenträgerüberprüfung ist geplant.

Die Datenträgerüberprüfung wird jetzt durchgeführt.


Phase 1: Prüfung der Basisdateisystemstruktur wird ausgeführt...

  327680 Datensätze verarbeitet.

Phase 2: Prüfung der Dateinamenverknüpfung wird ausgeführt...

  472960 Indexeinträge verarbeitet.

Phase 3: Prüfung der Sicherheitsbeschreibungen wird ausgeführt...

  10000 Datensätze verarbeitet.

Die Datenträgerüberprüfung war erfolgreich abgeschlossen.
```

Tipp:

- Verwenden Sie chkdsk /r, wenn Sie den Verdacht haben, dass es Probleme mit fehlerhaften Sektoren gibt. Dies dauert länger, führt aber zu einer gründlicheren Überprüfung und Reparatur.

2. diskpart - Festplatten verwalten

Der Befehl diskpart ist ein leistungsstarkes Tool zur Verwaltung von Festplatten und Partitionen. Es ermöglicht Ihnen, Partitionen zu erstellen, zu löschen, zu formatieren und Volumen zu verwalten. diskpart wird häufig für die Erstkonfiguration von Festplatten oder die Neuaufteilung von Speicherplatz verwendet.

Verwendung:

- **Diskpart starten:**

  - Um diskpart zu starten, geben Sie einfach diskpart in die CMD ein:

```
diskpart
```

  - - Dies öffnet die diskpart-Schnittstelle, die eine eigene Eingabeaufforderung hat.

- **Liste der verfügbaren Datenträger anzeigen:**

  - Um alle verfügbaren Datenträger auf Ihrem System aufzulisten:

```
list disk
```

  - - Dieser Befehl zeigt eine Liste der physischen Festplatten an, einschließlich ihrer Größe und ihres Status.

- **Einen Datenträger auswählen:**

  - Um einen bestimmten Datenträger auszuwählen (z.B. Disk 1):

```
select disk 1
```

- Dieser Befehl wählt Disk 1 aus, sodass die nachfolgenden Befehle auf diesen Datenträger angewendet werden.

- **Liste der Partitionen auf einem Datenträger anzeigen:**

  - Um die Partitionen auf dem ausgewählten Datenträger anzuzeigen:

```
list partition
```

- **Partition erstellen:**

  - Um eine primäre Partition auf dem ausgewählten Datenträger zu erstellen:

```
create partition primary
```

- Dieser Befehl erstellt eine primäre Partition auf dem ausgewählten Datenträger.

- **Partition formatieren:**

  - Um eine Partition mit dem NTFS-Dateisystem zu formatieren:

```
format fs=ntfs quick
```

- Dieser Befehl formatiert die Partition mit dem NTFS-Dateisystem und führt eine schnelle Formatierung durch.

- **Laufwerksbuchstaben zuweisen:**

  - Um der neu erstellten Partition einen Laufwerksbuchstaben zuzuweisen:

```
assign letter=D
```

- **Partition oder Volume löschen:**

  o Um eine Partition zu löschen:

```
delete partition
```

  - Dieser Befehl löscht die ausgewählte Partition.

- **Verlassen von Diskpart:**

  o Um diskpart zu beenden und zur CMD zurückzukehren:

```
exit
```

Beispielhafter Ablauf zur Erstellung einer neuen Partition:

1. **Diskpart starten:**

```
diskpart
```

2. **Datenträger anzeigen:**

```
list disk
```

3. **Datenträger auswählen:**

```
select disk 2
```

4. **Neue primäre Partition erstellen:**

```
create partition primary
```

5. **Partition formatieren:**

```
format fs=ntfs quick
```

6. **Laufwerksbuchstaben zuweisen:**

```
assign letter=E
```

7. **Diskpart verlassen:**

```
exit
```

Zusammenfassung

Die Befehle chkdsk und diskpart sind wesentliche Werkzeuge zur Verwaltung und Diagnose von Festplatten in der CMD. Mit chkdsk können Sie die Integrität Ihrer Festplatten überprüfen und Fehler beheben, während diskpart Ihnen die Möglichkeit bietet, Festplatten und Partitionen zu verwalten. Diese Befehle sind besonders nützlich für die Wartung von Speichermedien und die Vorbereitung von Festplatten für die Installation von Betriebssystemen oder die Speicherung von Daten.

Beispiele für häufige Diagnosetätigkeiten

Die CMD bietet eine Vielzahl von Werkzeugen, um das System zu diagnostizieren und Probleme zu identifizieren. Hier sind einige gängige Diagnosetätigkeiten, die Systemadministratoren und erfahrene Benutzer regelmäßig durchführen, um den Zustand des Systems zu überprüfen, Netzwerkprobleme zu lösen und die Leistung zu optimieren.

Beispiel 1: Überprüfung der Festplattenintegrität

Szenario: Ihr System verhält sich instabil, und Sie vermuten, dass eine Ihrer Festplatten defekte Sektoren oder Dateisystemfehler aufweist.

Lösung:

1. **Durchführung einer grundlegenden Festplattenüberprüfung:**

   o Verwenden Sie den Befehl chkdsk, um das Dateisystem zu überprüfen und zu reparieren:

```
chkdsk C: /f
```

   - Dieser Befehl überprüft das Dateisystem auf dem Laufwerk C: und behebt erkannte Fehler.

2. **Überprüfung und Reparatur defekter Sektoren:**

   o Um eine tiefergehende Überprüfung durchzuführen und nach fehlerhaften Sektoren zu suchen:

```
chkdsk C: /r
```

   - Dieser Befehl identifiziert fehlerhafte Sektoren und versucht, Daten von diesen Sektoren zu retten.

Erweiterung:

- Sie können diesen Befehl für alle Festplatten im System regelmäßig ausführen, um sicherzustellen, dass keine fehlerhaften Sektoren vorliegen.

Beispiel 2: Überprüfung der Netzwerkkonnektivität

Szenario: Sie haben Verbindungsprobleme mit einem Remote-Server und möchten überprüfen, ob das Netzwerk funktioniert und wo mögliche Engpässe auftreten.

Lösung:

1. **Pingen des Servers:**

   o Verwenden Sie den ping-Befehl, um die Erreichbarkeit des Servers zu überprüfen:

```
ping www.example.com
```

- Dieser Befehl sendet Pakete an www.example.com und misst die Antwortzeit.

2. **Analysieren des Netzwerkpfads:**

   o Um zu sehen, welchen Weg die Pakete durch das Netzwerk nehmen und ob es Verzögerungen gibt:

```
tracert www.example.com
```

- Dieser Befehl zeigt jeden Router auf dem Weg zum Server und die jeweilige Latenzzeit.

3. **Überprüfung der lokalen Netzwerkkonfiguration:**

   o Zeigen Sie die Netzwerkkonfiguration Ihres Computers an, um sicherzustellen, dass alle Einstellungen korrekt sind:

```
ipconfig /all
```

Erweiterung:

- Wenn Sie feststellen, dass der Server nicht erreichbar ist, könnte der tracert-Befehl Ihnen helfen zu identifizieren, an welchem Punkt im Netzwerk die Verbindung fehlschlägt.

Beispiel 3: Überwachung der Systemressourcen

Szenario: Ihr System läuft langsamer als gewöhnlich, und Sie vermuten, dass eine Anwendung zu viele Systemressourcen beansprucht.

Lösung:

1. **Überwachung aktiver Prozesse:**

   o Verwenden Sie den tasklist-Befehl, um eine Liste aller laufenden Prozesse anzuzeigen:

```
tasklist
```

2. **Identifizierung ressourcenintensiver Prozesse:**

    o   Um die Prozesse zu finden, die am meisten Speicher verwenden:

```
tasklist /fi "memusage gt 50000"
```

- Dieser Befehl zeigt alle Prozesse an, die mehr als 50 MB Speicher verwenden.

3. **Beenden eines problematischen Prozesses:**

    o   Wenn Sie einen Prozess identifiziert haben, der unnötig viele Ressourcen verbraucht, können Sie ihn mit taskkill beenden:

```
taskkill /PID 1234 /F
```

- Ersetzen Sie 1234 durch die tatsächliche Prozess-ID (PID) des Prozesses.

Erweiterung:

- Für eine regelmäßige Überwachung können Sie Skripte erstellen, die diese Befehle automatisch ausführen und die Ergebnisse speichern, um langfristige Trends in der Ressourcennutzung zu analysieren.

Beispiel 4: Analyse von Systeminformationen

Szenario: Sie bereiten einen Bericht über die Hardware- und Softwarekonfiguration eines Systems vor und benötigen eine vollständige Liste der Systeminformationen.

Lösung:

1. **Abrufen umfassender Systeminformationen:**

    o   Verwenden Sie den systeminfo-Befehl, um eine detaillierte Übersicht zu erhalten:

```
systeminfo
```

2. **Exportieren der Informationen in eine Textdatei:**

   o Um die Informationen zu speichern und später zu
     analysieren:

```
systeminfo > C:\Berichte\Systeminfo.txt
```

3. **Filtern spezifischer Informationen:**

   o Wenn Sie nur bestimmte Teile der Systeminformationen
     benötigen, können Sie die Ausgabe filtern:

```
systeminfo | findstr /C:"Betriebssystemversion" /C:"BIOS-Version"
/C:"Gesamter physischer Speicher"
```

Erweiterung:

- Sie können diese Informationen verwenden, um den Status des
  Systems vor und nach einer Softwareinstallation oder einem
  Systemupgrade zu vergleichen.

Beispiel 5: Partitionierung und Verwaltung von Festplatten

Szenario: Sie möchten eine neue Festplatte partitionieren und
einrichten, um sie für die Datenspeicherung zu verwenden.

Lösung:

1. **Verwenden von diskpart zur Verwaltung von Datenträgern:**

   o Starten Sie diskpart:

```
diskpart
```

2. **Auswählen des neuen Datenträgers:**

   o Listen Sie die verfügbaren Datenträger auf und wählen
     Sie den neuen Datenträger aus:

```
list disk

select disk 2
```

3. **Erstellen einer neuen Partition:**

- o Erstellen Sie eine primäre Partition auf dem ausgewählten Datenträger:

```
create partition primary
```

4. **Formatieren der Partition:**

- o Formatieren Sie die Partition mit dem NTFS-Dateisystem:

```
format fs=ntfs quick
```

5. **Zuweisen eines Laufwerksbuchstabens:**

- o Weisen Sie der Partition einen Laufwerksbuchstaben zu:

```
assign letter=E
```

Erweiterung:

- diskpart kann auch verwendet werden, um vorhandene Partitionen zu erweitern oder zu löschen, wenn der Speicherbedarf sich ändert.

Zusammenfassung

Die beschriebenen Beispiele decken häufige Diagnosetätigkeiten ab, die mit den in der CMD verfügbaren Befehlen durchgeführt werden können. Ob es darum geht, Festplattenprobleme zu diagnostizieren, Netzwerkverbindungen zu testen, Systemressourcen zu überwachen oder die Hardware- und Softwarekonfiguration zu analysieren – diese Befehle bieten eine mächtige und flexible Möglichkeit, den Zustand Ihres Systems zu überwachen und zu verwalten. Das regelmäßige Ausführen solcher Diagnosetätigkeiten kann dazu beitragen, Probleme frühzeitig zu erkennen und die Systemleistung zu optimieren.

6. Prozess- und Dienstmanagement

Verwaltung von Prozessen

Die CMD bietet mehrere leistungsfähige Befehle, um Prozesse zu verwalten. Dies umfasst das Starten neuer Prozesse sowie das Beenden von laufenden Prozessen. Diese Befehle sind besonders nützlich für die Verwaltung von Anwendungen und Diensten auf einem Computer, insbesondere in automatisierten Skripten oder bei der Fehlerbehebung.

1. taskkill - Prozesse beenden

Der Befehl taskkill wird verwendet, um laufende Prozesse auf einem Windows-System zu beenden. Sie können einen Prozess entweder anhand seines Namens oder seiner Prozess-ID (PID) beenden. Dies ist nützlich, um hängende Anwendungen oder ressourcenintensive Prozesse zu schließen.

Verwendung:

- **Beenden eines Prozesses anhand seines Namens:**

    o Um einen Prozess zu beenden, verwenden Sie den Parameter /IM (Image Name) gefolgt vom Namen des Prozesses:

```
taskkill /IM notepad.exe /F
```

  - Dieser Befehl beendet alle Instanzen von notepad.exe.

  - Der Parameter /F erzwingt das Beenden des Prozesses.

- **Beenden eines Prozesses anhand der Prozess-ID (PID):**

    o Um einen Prozess anhand seiner PID zu beenden, verwenden Sie den Parameter /PID:

```
taskkill /PID 1234 /F
```

- Ersetzen Sie 1234 durch die tatsächliche PID des Prozesses, den Sie beenden möchten.

- **Beenden eines Prozesses auf einem Remote-Computer:**

  o Um einen Prozess auf einem Remote-Computer zu beenden, verwenden Sie den Parameter /S gefolgt vom Namen oder der IP-Adresse des Computers:

```
taskkill /S RemotePC /IM notepad.exe /F
```

Beispielhafte Anwendung:

- **Mehrere Prozesse beenden:**

  o Sie können mehrere Prozesse gleichzeitig beenden, indem Sie mehrere /PID- oder /IM-Parameter verwenden:

```
taskkill /PID 1234 /PID 5678 /F
```

Tipp:

- Seien Sie vorsichtig mit dem /F-Parameter, da er das Beenden erzwingt, ohne den Prozess die Möglichkeit zu geben, Daten zu speichern oder geöffnete Dateien zu schließen.

2. start - Prozesse starten

Der Befehl start wird verwendet, um neue Prozesse oder Anwendungen aus der CMD heraus zu starten. Dieser Befehl kann auch verwendet werden, um Programme in einem neuen Fenster oder mit bestimmten Prioritäten zu starten.

Verwendung:

- **Einfacher start-Befehl:**

  o Um eine Anwendung wie den Editor (Notepad) zu starten:

```
start notepad.exe
```

- Dieser Befehl öffnet eine neue Instanz von Notepad.

- **Starten eines Programms in einem neuen CMD-Fenster:**

  o Wenn Sie ein Programm in einem neuen CMD-Fenster starten möchten, verwenden Sie start ohne Angabe eines Programms:

```
start
```

- Dies öffnet ein neues CMD-Fenster.

- **Starten eines Programms mit einem bestimmten Titel für das Fenster:**

  o Sie können dem neuen Fenster einen benutzerdefinierten Titel zuweisen:

```
start "Mein Editor" notepad.exe
```

- **Starten eines Programms mit niedriger Priorität:**

  o Um die CPU-Last eines Prozesses zu minimieren, können Sie ihn mit niedriger Priorität starten:

```
start /LOW notepad.exe
```

- **Starten eines Programms im Hintergrund (minimiert):**

  o Sie können ein Programm minimiert starten, sodass es nicht sofort in den Vordergrund tritt:

```
start /MIN notepad.exe
```

Beispielhafte Anwendung:

- **Mehrere Programme gleichzeitig starten:**

- o Sie können mehrere Programme gleichzeitig starten, indem Sie mehrere start-Befehle nacheinander verwenden:

```
start notepad.exe
start calc.exe
```

Tipp:

- Der start-Befehl ist besonders nützlich in Skripten, bei denen Sie sicherstellen möchten, dass Programme in einem bestimmten Modus oder mit bestimmten Prioritäten ausgeführt werden.

Zusammenfassung

Die Befehle `taskkill` und `start` bieten leistungsstarke Möglichkeiten, Prozesse auf einem Windows-System zu verwalten. Mit `taskkill` können Sie unerwünschte oder fehlerhafte Prozesse effektiv beenden, während Sie mit `start` neue Prozesse starten und diese nach Bedarf anpassen können. Diese Befehle sind unverzichtbare Werkzeuge für die Prozessverwaltung, insbesondere in automatisierten Umgebungen oder bei der Fehlerbehebung.

Dienstmanagement

Das Dienstmanagement in der CMD ist ein wichtiger Aspekt der Systemverwaltung, insbesondere auf Windows-Servern und Arbeitsstationen, auf denen verschiedene Dienste im Hintergrund ausgeführt werden. Dienste sind spezielle Programme, die in der Regel ohne Benutzerinteraktion im Hintergrund laufen und Aufgaben wie das Drucken, Netzwerkverbindungen, Sicherheitsprotokolle und vieles mehr verwalten. In der CMD können Sie Dienste starten, stoppen, anhalten, fortsetzen und deren Status überprüfen. Die wichtigsten Befehle dafür sind sc und net.

1. sc - Dienststeuerung

Der Befehl sc (Service Control) ist ein vielseitiges Werkzeug zur
Verwaltung von Windows-Diensten. Mit sc können Sie Dienste starten,
stoppen, deren Status abfragen und konfigurieren.

Verwendung:

- **Dienststatus abfragen:**

    o Um den Status eines bestimmten Dienstes abzufragen,
       verwenden Sie den Befehl sc query gefolgt vom Namen
       des Dienstes:

```
sc query wuauserv
```

    ▪ Dieser Befehl zeigt den Status des Windows
       Update-Dienstes (wuauserv) an, ob er gestartet,
       gestoppt oder in einem anderen Zustand ist.

- **Dienst starten:**

    o Um einen Dienst zu starten:

```
sc start wuauserv
```

    ▪ Dieser Befehl startet den Windows Update-
       Dienst.

- **Dienst stoppen:**

    o Um einen Dienst zu stoppen:

```
sc stop wuauserv
```

    ▪ Dieser Befehl stoppt den Windows Update-
       Dienst.

- **Dienst anhalten:**

    o Um einen Dienst vorübergehend anzuhalten:

```
sc pause wuauserv
```

- Dieser Befehl hält den Dienst an, ohne ihn vollständig zu stoppen.

- **Dienst fortsetzen:**

  o Um einen angehaltenen Dienst fortzusetzen:

```
sc continue wuauserv
```

- Dieser Befehl setzt den angehaltenen Dienst fort.

- **Dienstliste anzeigen:**

  o Um eine Liste aller installierten Dienste anzuzeigen:

```
sc query
```

- **Dienstkonfiguration ändern:**

  o Um die Startart eines Dienstes zu ändern (z.B. auf automatisch, manuell oder deaktiviert):

```
sc config wuauserv start= auto
```

- Dieser Befehl setzt die Startart des Windows Update-Dienstes auf automatisch.

Beispielhafte Anwendung:

- **Neustart eines Dienstes:**

  o Um einen Dienst neu zu starten, könnten Sie ihn erst stoppen und dann wieder starten:

```
sc stop wuauserv
sc start wuauserv
```

Tipp:

- Der Befehl sc ist besonders nützlich für Administratoren, die häufig mit Windows-Diensten arbeiten müssen, sei es lokal oder auf Remote-Systemen.

2. net - Netzwerk- und Dienststeuerung

Der Befehl net bietet ebenfalls Funktionen zur Verwaltung von Diensten, ist jedoch in einigen Fällen einfacher und direkter zu verwenden als sc. Besonders nützlich ist der Befehl net für das Starten, Stoppen und Anzeigen des Status von Diensten.

Verwendung:

- **Dienststatus anzeigen:**

  - Um den Status eines bestimmten Dienstes zu überprüfen:

```
net start
```

    - Dieser Befehl zeigt eine Liste aller laufenden Dienste an.

- **Dienst starten:**

  - Um einen Dienst zu starten:

```
net start wuauserv
```

    - Dieser Befehl startet den Windows Update-Dienst.

- **Dienst stoppen:**

  - Um einen Dienst zu stoppen:

```
net stop wuauserv
```

    - Dieser Befehl stoppt den Windows Update-Dienst.

Beispielhafte Anwendung:

- **Dienst zur Fehlerbehebung starten:**

  o Wenn ein Dienst wie der Druckwarteschlangendienst (spooler) nicht funktioniert, können Sie ihn mit dem net-Befehl neu starten:

```
net stop spooler
net start spooler
```

Tipp:

- net ist besonders nützlich, wenn Sie einfache Dienstmanagementaufgaben erledigen müssen, ohne in die detaillierteren Optionen von sc eintauchen zu müssen.

Zusammenfassung

Das Dienstmanagement in der CMD mit den Befehlen sc und net bietet Ihnen die Möglichkeit, Windows-Dienste effektiv zu steuern und zu verwalten. Mit sc können Sie detaillierte Konfigurationen vornehmen und den Status von Diensten abfragen, während net für schnellere und einfachere Aktionen geeignet ist. Diese Befehle sind besonders nützlich für Systemadministratoren, die Dienste auf Windows-Systemen regelmäßig überwachen und verwalten müssen.

Beispiele und Tipps

Um die Verwaltung von Prozessen und Diensten in der CMD besser zu verstehen, sind praktische Beispiele und Tipps hilfreich. Diese Beispiele zeigen typische Aufgaben, die Sie möglicherweise ausführen müssen, und bieten bewährte Methoden für den effizienten Umgang mit Prozessen und Diensten.

Beispiel 1: Neustart eines hängenden Dienstes

Szenario: Ein Dienst auf Ihrem System reagiert nicht mehr und muss neu gestartet werden, um das System wieder funktionsfähig zu machen.

Lösung:

1. **Status des Dienstes überprüfen:**

   o Überprüfen Sie den aktuellen Status des Dienstes, um sicherzustellen, dass er tatsächlich hängt oder nicht reagiert:

```
sc query spooler
```

   - Dieser Befehl zeigt den Status des Druckwarteschlangendienstes (spooler) an.

2. **Dienst stoppen:**

   o Stoppen Sie den Dienst:

```
sc stop spooler
```

   - Warten Sie, bis der Dienst erfolgreich gestoppt wurde.

3. **Dienst starten:**

   o Starten Sie den Dienst neu:

```
sc start spooler
```

   - Überprüfen Sie, ob der Dienst wieder ordnungsgemäß funktioniert.

Tipp:

- Wenn das Problem wiederholt auftritt, könnten Sie den Dienst so konfigurieren, dass er sich automatisch neu startet, wenn er abstürzt:

```
sc failure spooler reset= 60 actions= restart/60000
```

- o Dieser Befehl weist Windows an, den Dienst nach 60 Sekunden neu zu starten, wenn er fehlschlägt.

Beispiel 2: Beenden eines nicht reagierenden Prozesses

Szenario: Eine Anwendung reagiert nicht mehr und muss zwangsweise beendet werden, um Ressourcen freizugeben oder das System zu stabilisieren.

Lösung:

1. **Prozess-IDs abrufen:**

   - o Verwenden Sie tasklist, um die Prozess-ID (PID) der hängenden Anwendung zu finden:

```
tasklist | findstr notepad.exe
```

   - ■ Dieser Befehl zeigt die PID(s) für alle laufenden Instanzen von notepad.exe.

2. **Prozess beenden:**

   - o Beenden Sie den Prozess mit der PID:

```
taskkill /PID 1234 /F
```

   - ■ Ersetzen Sie 1234 durch die tatsächliche PID.

3. **Alternative Methode:**

   - o Wenn Sie den Prozessnamen verwenden möchten, um alle Instanzen zu beenden:

```
taskkill /IM notepad.exe /F
```

Tipp:

- Der Parameter /F erzwingt das Beenden des Prozesses. Seien Sie vorsichtig, da dies zum Verlust nicht gespeicherter Daten führen kann.

Beispiel 3: Automatisierter Neustart von Diensten nach einem Systemereignis

Szenario: Sie möchten sicherstellen, dass wichtige Dienste nach einem bestimmten Systemereignis (z.B. nach einem Update oder Neustart) automatisch neu gestartet werden.

Lösung:

1. **Dienst automatisch starten:**

   o Stellen Sie sicher, dass der Dienst so konfiguriert ist, dass er beim Systemstart automatisch gestartet wird:

```
sc config wuauserv start= auto
```

2. **Skript erstellen, um den Dienst nach einem Ereignis neu zu starten:**

   o Erstellen Sie eine Batch-Datei (dienst_neustart.bat), die den Dienst neu startet:

```
@echo off
sc stop wuauserv
sc start wuauserv
echo Dienst wuauserv wurde neu gestartet.
```

   o Diese Datei können Sie dann über den Taskplaner nach einem bestimmten Systemereignis ausführen lassen.

Tipp:

- Der Taskplaner von Windows kann so konfiguriert werden, dass er Skripte nach bestimmten Ereignissen wie Systemstart, Anmeldung eines Benutzers oder nach Abschluss eines Updates ausführt.

Beispiel 4: Überwachung eines kritischen Dienstes

Szenario: Ein bestimmter Dienst ist kritisch für den Betrieb Ihrer Anwendung, und Sie möchten benachrichtigt werden, wenn dieser Dienst unerwartet stoppt.

Lösung:

1. **Erstellen eines Überwachungsskripts:**

    o Schreiben Sie ein Skript, das den Dienststatus überwacht und eine Benachrichtigung ausgibt, wenn der Dienst nicht läuft:

```
@echo off

sc query wuauserv | findstr /I /C:"STOPPED"

if %errorlevel%==0 (

    echo Windows Update Dienst ist gestoppt!

    net send IhrBenutzername "Windows Update Dienst ist
gestoppt!"

)
```

2. **Regelmäßige Überprüfung mit dem Taskplaner:**

    o Richten Sie den Taskplaner so ein, dass das Skript in regelmäßigen Abständen ausgeführt wird, z.B. alle 10 Minuten.

Tipp:

- Das Senden von Benachrichtigungen kann auch per E-Mail oder andere Messaging-Dienste erfolgen, indem Sie entsprechende Tools oder PowerShell-Skripte verwenden.

Beispiel 5: Starten einer Anwendung mit spezifischen Prioritäten

Szenario: Sie möchten eine Anwendung starten, die viele Systemressourcen benötigt, aber sicherstellen, dass sie mit niedriger Priorität läuft, um das System nicht zu stark zu belasten.

Lösung:

1. **Anwendung mit niedriger Priorität starten:**

   o Verwenden Sie den start-Befehl mit dem /LOW-
   Parameter, um die Anwendung mit niedriger Priorität zu
   starten:

```
start /LOW "Langsamer Prozess" notepad.exe
```

   ▪ Dieser Befehl öffnet Notepad mit niedriger CPU-
   Priorität.

2. **Anwendung im Hintergrund starten:**

   o Um die Anwendung minimiert zu starten, sodass sie den
   Arbeitsfluss nicht unterbricht:

```
start /MIN /LOW "Hintergrundprozess" notepad.exe
```

Tipp:

- Diese Technik ist nützlich, wenn Sie Batch-Aufgaben oder
  Hintergrundprozesse ausführen, die nicht die volle
  Systemleistung beanspruchen sollen.

Zusammenfassung

Die oben genannten Beispiele und Tipps bieten praktische
Anwendungen für das Prozess- und Dienstmanagement in der CMD. Ob
es darum geht, hängende Prozesse zu beenden, wichtige Dienste zu
überwachen, oder Anwendungen mit spezifischen Prioritäten zu starten
– die CMD bietet leistungsstarke Werkzeuge, die Ihnen helfen, das
System effizient zu verwalten und zu steuern. Diese Techniken sind
besonders nützlich für Administratoren, die häufige Wartungs- und
Diagnoseaufgaben automatisieren und überwachen müssen.

7. Benutzer- und Rechteverwaltung

Verwalten von Benutzern und Gruppen

In der CMD können Sie Benutzerkonten und Benutzergruppen effektiv verwalten. Diese Verwaltungstätigkeiten sind besonders wichtig in Umgebungen, in denen Benutzerkonten und Zugriffsrechte zentral verwaltet werden müssen, wie etwa in Unternehmensnetzwerken oder auf gemeinsam genutzten Computern. Die Befehle net user und net localgroup sind wesentliche Werkzeuge für diese Aufgaben.

1. net user - Benutzerkonten verwalten

Der Befehl net user ermöglicht die Verwaltung von Benutzerkonten auf einem Windows-Computer. Mit diesem Befehl können Sie Benutzerkonten erstellen, löschen, ändern und Informationen zu ihnen abrufen.

Verwendung:

- **Liste aller Benutzerkonten anzeigen:**

  o Um eine Liste aller Benutzerkonten auf dem System anzuzeigen:

```
net user
```

  ▪ Dieser Befehl zeigt eine Liste der aktuell auf dem System vorhandenen Benutzerkonten an.

- **Benutzerkonto erstellen:**

  o Um ein neues Benutzerkonto zu erstellen:

```
net user Benutzername Kennwort /add
```

  ▪ Ersetzen Sie Benutzername durch den gewünschten Namen des neuen Kontos und Kennwort durch das entsprechende Passwort.

  ▪ Beispiel:

```
net user MaxMuster Passwort123 /add
```

- **Benutzerkonto löschen:**

  o Um ein Benutzerkonto zu löschen:

```
net user Benutzername /delete
```

  ▪ Beispiel:

net user MaxMuster /delete

- **Benutzerkonto deaktivieren:**

  o Um ein Benutzerkonto zu deaktivieren, sodass sich der Benutzer nicht mehr anmelden kann:

```
net user Benutzername /active:no
```

  ▪ Beispiel:

```
net user MaxMuster /active:no
```

- **Benutzerkonto aktivieren:**

  o Um ein deaktiviertes Benutzerkonto wieder zu aktivieren:

```
net user Benutzername /active:yes
```

  ▪ Beispiel:

```
net user MaxMuster /active:yes
```

- **Benutzerkennwort ändern:**

  o Um das Passwort eines Benutzers zu ändern:

```
net user Benutzername NeuesKennwort
```

  ▪ Beispiel:

```
net user MaxMuster NeuesPasswort456
```

- **Details eines Benutzerkontos anzeigen:**

- o Um die vollständigen Details eines Benutzerkontos anzuzeigen:

```
net user Benutzername
```

  - Beispiel:

```
net user MaxMuster
```

Beispielhafte Anwendung:

- **Erstellen eines neuen Administratorkontos:**

  - o Erstellen Sie ein neues Benutzerkonto und fügen Sie es der Gruppe der Administratoren hinzu:

```
net user AdminBenutzer Passwort123 /add
net localgroup Administratoren AdminBenutzer /add
```

Tipp:

- Achten Sie beim Erstellen und Verwalten von Benutzerkonten immer auf die Sicherheitsrichtlinien, insbesondere bei der Wahl und Verwaltung von Passwörtern.

2. net localgroup - Benutzergruppen verwalten

Der Befehl net localgroup wird verwendet, um lokale Benutzergruppen zu verwalten. Benutzergruppen sind Sammlungen von Benutzerkonten, die ähnliche Berechtigungen haben. Durch das Hinzufügen oder Entfernen von Benutzern aus Gruppen können Sie effektiv deren Zugriffsrechte steuern.

Verwendung:

- **Liste aller Benutzergruppen anzeigen:**

  - o Um eine Liste aller lokalen Benutzergruppen anzuzeigen:

```
net localgroup
```

- Dieser Befehl zeigt eine Liste der vorhandenen lokalen Gruppen auf dem System an.

- **Mitglieder einer Benutzergruppe anzeigen:**

  o Um die Mitglieder einer bestimmten Benutzergruppe anzuzeigen:

```
net localgroup Gruppenname
```

- Beispiel:

```
net localgroup Administratoren
```

- **Benutzer zu einer Gruppe hinzufügen:**

  o Um einen Benutzer zu einer Gruppe hinzuzufügen:

```
net localgroup Gruppenname Benutzername /add
```

- Beispiel:

```
net localgroup Administratoren MaxMuster /add
```

- **Benutzer aus einer Gruppe entfernen:**

  o Um einen Benutzer aus einer Gruppe zu entfernen:

```
net localgroup Gruppenname Benutzername /delete
```

- Beispiel:

```
net localgroup Administratoren MaxMuster /delete
```

- **Neue Benutzergruppe erstellen:**

  o Um eine neue lokale Gruppe zu erstellen:

```
net localgroup Gruppenname /add
```

- Beispiel:

```
net localgroup ProjektTeam /add
```

- **Benutzergruppe löschen:**

o   Um eine bestehende Gruppe zu löschen:

```
net localgroup Gruppenname /delete
```

▪   Beispiel:

```
net localgroup ProjektTeam /delete
```

Beispielhafte Anwendung:

- **Erstellen einer neuen Gruppe und Hinzufügen von Benutzern:**

  o   Erstellen Sie eine neue Benutzergruppe namens
     Entwickler und fügen Sie zwei Benutzer hinzu:

```
net localgroup Entwickler /add

net localgroup Entwickler MaxMuster /add

net localgroup Entwickler AnnaMuster /add
```

Tipp:

- Benutzergruppen sind ein effizientes Mittel, um Berechtigungen
  und Zugriffsrechte für mehrere Benutzer gleichzeitig zu
  verwalten. Dies reduziert den Verwaltungsaufwand,
  insbesondere in größeren Umgebungen.

Zusammenfassung

Die Befehle net user und net localgroup bieten eine mächtige
Möglichkeit, Benutzerkonten und Benutzergruppen in der CMD zu
verwalten. Mit net user können Sie Benutzerkonten erstellen, ändern
und löschen, während net localgroup Ihnen ermöglicht,
Benutzergruppen zu verwalten und Benutzern bestimmte Rechte
zuzuweisen. Diese Werkzeuge sind besonders nützlich in
Unternehmensumgebungen, in denen die Verwaltung von Benutzern
und Rechten eine zentrale Rolle spielt. Die Fähigkeit, diese Befehle
effizient zu nutzen, kann den Verwaltungsaufwand erheblich reduzieren
und die Sicherheit verbessern.

Datei- und Verzeichnisberechtigungen

Die Verwaltung von Datei- und Verzeichnisberechtigungen ist ein wichtiger Aspekt der Sicherheit in Windows-Systemen. Diese Berechtigungen steuern den Zugriff auf Dateien und Verzeichnisse und legen fest, wer welche Aktionen (Lesen, Schreiben, Ausführen usw.) auf diesen Ressourcen durchführen kann. Der Befehl icacls ist ein leistungsfähiges Werkzeug in der CMD, um Berechtigungen anzuzeigen und zu ändern.

1. icacls - Berechtigungen anzeigen und ändern

Der Befehl icacls (Integrity Control Access Control Lists) wird verwendet, um die Zugriffssteuerungslisten (ACLs) von Dateien und Verzeichnissen anzuzeigen und zu bearbeiten. ACLs bestimmen, welche Benutzer oder Gruppen welche Berechtigungen für eine Datei oder ein Verzeichnis haben.

Verwendung:

- **Berechtigungen einer Datei oder eines Verzeichnisses anzeigen:**

  - Um die aktuellen Berechtigungen einer Datei oder eines Verzeichnisses anzuzeigen:

```
icacls Pfad\Zur\DateiOderVerzeichnis
```

  - Beispiel:

```
icacls C:\Beispiel\Datei.txt
```

- Dieser Befehl zeigt die Berechtigungen der Datei Datei.txt im Verzeichnis C:\Beispiel an.

- **Berechtigungen für eine Datei oder ein Verzeichnis ändern:**

  o Um Berechtigungen für eine Datei oder ein Verzeichnis zu ändern, verwenden Sie die Option /grant, gefolgt von dem Benutzer oder der Gruppe und den entsprechenden Berechtigungen:

```
icacls Pfad\Zur\DateiOderVerzeichnis /grant
Benutzername:Berechtigungen
```

  - Beispiel:

```
icacls C:\Beispiel\Datei.txt /grant MaxMuster:(F)
```

    - Dieser Befehl gewährt dem Benutzer MaxMuster vollständige Berechtigungen (F) für die Datei Datei.txt.

- **Verschiedene Berechtigungen vergeben:**

  o Sie können unterschiedliche Berechtigungen zuweisen, wie:

    - **F**: Vollzugriff (Full control)

    - **M**: Ändern (Modify)

    - **RX**: Lesen und Ausführen (Read & Execute)

    - **R**: Lesen (Read)

    - **W**: Schreiben (Write)

  o Beispiel:

```
icacls C:\Beispiel\Datei.txt /grant MaxMuster:(R)
```

- Dieser Befehl gewährt dem Benutzer MaxMuster nur Lesezugriff auf Datei.txt.

- **Berechtigungen entfernen:**

  o Um einem Benutzer eine bestimmte Berechtigung zu entziehen, verwenden Sie die Option /remove:

```
icacls Pfad\Zur\DateiOderVerzeichnis /remove Benutzername
```

  - Beispiel:

```
icacls C:\Beispiel\Datei.txt /remove MaxMuster
```

      - Dieser Befehl entfernt alle Berechtigungen für den Benutzer MaxMuster auf der Datei Datei.txt.

- **Vererbung von Berechtigungen konfigurieren:**

  o Um festzulegen, ob Berechtigungen vererbt werden sollen:

    - **Vererbung deaktivieren:**

```
icacls C:\Beispiel /inheritance:d
```

      - Dieser Befehl deaktiviert die Vererbung von Berechtigungen für das Verzeichnis Beispiel.

    - **Vererbung aktivieren:**

```
icacls C:\Beispiel /inheritance:e
```

      - Dieser Befehl aktiviert die Vererbung von Berechtigungen für das Verzeichnis Beispiel.

- **Berechtigungen sichern und wiederherstellen:**

  o Um Berechtigungen zu sichern:

```
icacls C:\Beispiel\* /save AclDatei.txt /t
```

- Dieser Befehl speichert die Berechtigungen aller Dateien im Verzeichnis Beispiel in der Datei AclDatei.txt.

  o Um Berechtigungen wiederherzustellen:

```
icacls C:\ /restore AclDatei.txt
```

- Dieser Befehl stellt die Berechtigungen aus der Datei AclDatei.txt wieder her.

Beispielhafte Anwendung:

- **Berechtigungen für mehrere Benutzer konfigurieren:**

  o Um mehreren Benutzern unterschiedliche Berechtigungen zu erteilen:

```
icacls C:\Beispiel\Datei.txt /grant MaxMuster:(F) AnnaMuster:(R)
```

- Dieser Befehl gewährt MaxMuster Vollzugriff und AnnaMuster nur Lesezugriff auf die Datei Datei.txt.

Tipp:

- icacls ist ein sehr mächtiges Werkzeug, und es ist wichtig, genau zu wissen, welche Berechtigungen Sie vergeben oder entfernen. Falsche Einstellungen können dazu führen, dass Benutzer unerwartet Zugriff auf sensible Daten erhalten oder den Zugriff darauf verlieren.

Zusammenfassung

Der Befehl icacls bietet umfangreiche Möglichkeiten zur Verwaltung von Datei- und Verzeichnisberechtigungen in der CMD. Mit diesem Werkzeug können Sie Berechtigungen anzeigen, ändern, hinzufügen oder entfernen sowie die Vererbung von Berechtigungen steuern. Diese Funktionen sind besonders nützlich in Umgebungen, in denen der Zugriff auf Dateien und Verzeichnisse streng kontrolliert werden muss, wie etwa in Unternehmensnetzwerken oder auf Servern. Ein sorgfältiger Umgang mit icacls trägt wesentlich zur Sicherheit und zum Schutz von Daten bei.

Beispiele zur Benutzer- und Rechteverwaltung

Die Benutzer- und Rechteverwaltung ist ein zentraler Aspekt der Systemadministration, insbesondere in komplexen Netzwerken oder auf gemeinsam genutzten Computern. Im Folgenden finden Sie praktische Beispiele, wie die Befehle net user, net localgroup und icacls für alltägliche Verwaltungsaufgaben verwendet werden können.

Beispiel 1: Erstellen eines neuen Benutzerkontos mit eingeschränkten Rechten

Szenario: Sie möchten ein neues Benutzerkonto für einen Mitarbeiter erstellen, der nur eingeschränkte Rechte haben soll, beispielsweise um auf ein gemeinsames Verzeichnis zugreifen zu können, aber nicht, um Software zu installieren oder Systemeinstellungen zu ändern.

Lösung:

1. **Erstellen des Benutzerkontos:**

   o   Erstellen Sie ein neues Benutzerkonto mit einem Passwort:

```
net user Mitarbeiter Passwort123 /add
```

2. **Hinzufügen des Benutzers zur Gruppe „Benutzer":**

   o   Weisen Sie dem Benutzerkonto die Gruppe „Benutzer" zu, damit es nur eingeschränkte Rechte hat:

```
net localgroup Benutzer Mitarbeiter /add
```

3. **Sicherstellen, dass der Benutzer kein Administrator ist:**

   o Überprüfen Sie, ob der Benutzer nicht in der Gruppe
   „Administratoren" ist, und entfernen Sie ihn
   gegebenenfalls:

```
net localgroup Administratoren Mitarbeiter /delete
```

4. **Berechtigungen für ein spezifisches Verzeichnis festlegen:**

   o Geben Sie dem Benutzer Lese- und Schreibzugriff auf
   ein gemeinsames Verzeichnis:

```
icacls C:\Gemeinsam\ /grant Mitarbeiter:(M)
```

Tipp:

- Stellen Sie sicher, dass das Passwort den Sicherheitsrichtlinien
  entspricht (z.B. Mindestlänge, Komplexität).

Beispiel 2: Erstellen einer Administratorgruppe für ein Projektteam

Szenario: Sie verwalten ein Projekt, bei dem mehrere Teammitglieder
Administratorrechte für eine bestimmte Gruppe von Computern
benötigen, aber keine umfassenden Administratorrechte für das
gesamte Netzwerk haben sollen.

Lösung:

1. **Erstellen einer neuen Gruppe für das Projektteam:**

   o Erstellen Sie eine lokale Gruppe für das Projektteam:

```
net localgroup ProjektAdmins /add
```

2. **Hinzufügen der Benutzer zur Gruppe:**

   o Fügen Sie die entsprechenden Benutzer der Gruppe
   „ProjektAdmins" hinzu:

```
net localgroup ProjektAdmins MaxMuster /add
net localgroup ProjektAdmins AnnaMuster /add
```

3. **Zuweisen von Administratorrechten für bestimmte Verzeichnisse:**

   ○ Geben Sie der Gruppe „ProjektAdmins" Vollzugriff auf ein Projektverzeichnis:

```
icacls C:\Projekt\ /grant ProjektAdmins:(F)
```

4. **Überprüfen der Berechtigungen:**

   ○ Stellen Sie sicher, dass die Berechtigungen korrekt gesetzt sind, indem Sie sie überprüfen:

```
icacls C:\Projekt\
```

Tipp:

- Diese Konfiguration stellt sicher, dass nur bestimmte Teammitglieder Vollzugriff auf das Projektverzeichnis haben, ohne dass sie umfassende Administratorrechte auf dem System erhalten.

Beispiel 3: Einschränken von Verzeichnisberechtigungen für einen Benutzer

Szenario: Ein Benutzer hat Zugang zu einem Verzeichnis, sollte jedoch keinen Schreibzugriff mehr haben, um die Integrität der Daten zu gewährleisten.

Lösung:

1. **Aktuelle Berechtigungen überprüfen:**

   ○ Überprüfen Sie die aktuellen Berechtigungen des Benutzers:

```
icacls C:\Daten\ /findstr MaxMuster
```

2. **Schreibrechte entfernen:**

   ○ Entfernen Sie die Schreibberechtigung für den Benutzer:

```
icacls C:\Daten\ /deny MaxMuster:W
```

3. Überprüfen der neuen Berechtigungen:

- o Überprüfen Sie, ob die neuen Berechtigungen korrekt gesetzt wurden:

```
icacls C:\Daten\ /findstr MaxMuster
```

Tipp:

- Verwenden Sie das /deny-Flag mit Bedacht, da es alle anderen Berechtigungen überschreibt. Stellen Sie sicher, dass der Benutzer weiterhin über die erforderlichen Leseberechtigungen verfügt.

Beispiel 4: Entfernen eines Benutzers und Wiederherstellen der Standardberechtigungen

Szenario: Ein Mitarbeiter verlässt das Unternehmen, und sein Benutzerkonto sowie seine Berechtigungen müssen vollständig entfernt werden.

Lösung:

1. Benutzerkonto löschen:

- o Entfernen Sie das Benutzerkonto vollständig vom System:

```
net user MaxMuster /delete
```

2. Überprüfung der Gruppenmitgliedschaften:

- o Stellen Sie sicher, dass der Benutzer aus allen lokalen Gruppen entfernt wurde:

```
net localgroup
```

3. Berechtigungen für das Verzeichnis überprüfen:

- o Überprüfen Sie, ob der Benutzer noch über Berechtigungen für Verzeichnisse verfügt:

```
icacls C:\ /findstr MaxMuster
```

4. **Berechtigungen auf den Standard zurücksetzen:**

   o Setzen Sie die Berechtigungen für betroffene
     Verzeichnisse zurück:

```
icacls C:\Daten\ /reset
```

Tipp:

- Es ist empfehlenswert, die Berechtigungen regelmäßig zu
  überprüfen und zu bereinigen, um sicherzustellen, dass
  ehemalige Mitarbeiter keinen Zugriff auf sensible Daten haben.

Beispiel 5: Automatisierte Rechtevergabe bei Dateierstellung

Szenario: Sie möchten sicherstellen, dass alle neuen Dateien in einem
bestimmten Verzeichnis automatisch mit spezifischen Berechtigungen
für eine Benutzergruppe erstellt werden.

Lösung:

1. **Berechtigungen für das Verzeichnis setzen:**

   o Stellen Sie sicher, dass die Gruppe Team volle
     Berechtigungen für das Verzeichnis hat:

```
icacls C:\TeamDaten\ /grant Team:(F)
```

2. **Vererbung von Berechtigungen sicherstellen:**

   o Aktivieren Sie die Vererbung, damit alle neuen Dateien
     die Berechtigungen automatisch übernehmen:

```
icacls C:\TeamDaten\ /inheritance:e
```

Tipp:

- Durch die Aktivierung der Vererbung stellen Sie sicher, dass alle
  neuen Dateien und Unterverzeichnisse im Hauptverzeichnis
  automatisch die Berechtigungen der übergeordneten Ordner
  erben.

Zusammenfassung

Diese Beispiele zeigen, wie die Befehle net user, net localgroup und icacls für die Benutzer- und Rechteverwaltung eingesetzt werden können, um typische Verwaltungsaufgaben in einer Windows-Umgebung zu lösen. Ob es darum geht, neue Benutzerkonten mit eingeschränkten Rechten zu erstellen, Benutzergruppen effektiv zu verwalten oder die Berechtigungen für Dateien und Verzeichnisse präzise zu steuern – die CMD bietet leistungsfähige Werkzeuge, um die Sicherheit und Effizienz in Ihrem Netzwerk oder System zu gewährleisten.

8. Skripting mit CMD
Erstellen einfacher Batch-Skripte

Das Skripting mit CMD ermöglicht es Ihnen, sich wiederholende Aufgaben zu automatisieren, komplexe Arbeitsabläufe zu vereinfachen und die Effizienz zu steigern. Batch-Skripte sind Textdateien mit der Dateiendung .bat oder .cmd, die eine Reihe von CMD-Befehlen enthalten, die automatisch nacheinander ausgeführt werden. Diese Skripte können sowohl für einfache als auch für komplexe Aufgaben eingesetzt werden.

Grundlegende Syntax und Struktur von Batch-Dateien

Eine Batch-Datei besteht aus einer Reihe von Befehlen, die in einer bestimmten Reihenfolge ausgeführt werden. Die grundlegende Syntax ist einfach, aber mit zusätzlichen Kontrollstrukturen wie Schleifen und bedingten Anweisungen können Sie komplexere Logiken implementieren.

1. Erstellen einer Batch-Datei

- Um eine Batch-Datei zu erstellen, verwenden Sie einen einfachen Texteditor wie Notepad. Speichern Sie die Datei mit der Endung .bat oder .cmd.

- Beispiel: Speichern Sie die Datei als meinSkript.bat.

2. Grundlegende Syntax einer Batch-Datei

Eine einfache Batch-Datei könnte wie folgt aussehen:

```
@echo off
echo Willkommen bei meinem Batch-Skript!
echo Das aktuelle Datum und die Uhrzeit sind:
date /t
time /t
pause
```

Erklärung:

- **@echo off**: Dieser Befehl unterdrückt die Anzeige der Befehle selbst, sodass nur die Ausgaben der Befehle sichtbar sind. @ vor echo off sorgt dafür, dass auch dieser Befehl nicht angezeigt wird.

- **echo**: Gibt Text im CMD-Fenster aus.

- **date /t** und **time /t**: Zeigt das aktuelle Datum und die aktuelle Uhrzeit an.

- **pause**: Hält die Ausführung an und wartet auf einen Tastendruck des Benutzers, bevor das Skript fortgesetzt wird.

3. Variablen in Batch-Dateien

Sie können Variablen verwenden, um Werte zu speichern und weiterzuverarbeiten:

```
@echo off
set /p name=Bitte geben Sie Ihren Namen ein:
```

```
echo Hallo, %name%!

pause
```

Erklärung:

- **set /p**: Fordert den Benutzer auf, eine Eingabe zu machen, und speichert diese in der Variable name.

- **%name%**: Verwendet den Wert der Variable name.

4. Bedingte Anweisungen

Mit if können Sie Bedingungen in Ihren Skripten implementieren:

```
@echo off

set /p age=Bitte geben Sie Ihr Alter ein:

if %age% GEQ 18 (

    echo Sie sind volljährig.

) else (

    echo Sie sind minderjährig.

)

pause
```

Erklärung:

- **if**: Prüft eine Bedingung. Hier wird überprüft, ob die Variable age größer oder gleich (GEQ) 18 ist.

- **else**: Führt den Befehl aus, wenn die Bedingung falsch ist.

5. Schleifen in Batch-Skripten

Batch-Dateien unterstützen Schleifen wie for:

```
@echo off

for /L %%i in (1,1,5) do (
```

```
    echo Dies ist Schleifeniteration %%i
)
pause
```

Erklärung:

- **for /L %%i in (Start,Schritt,Ende) do (...)**: Erstellt eine Schleife, die von einem Startwert zu einem Endwert läuft, wobei die Schleifenvariable bei jedem Durchlauf um den Schrittwert erhöht wird.

- **%%i**: Die Schleifenvariable (in Skripten wird %% verwendet, während in der CMD direkt nur % verwendet wird).

6. Kommentare in Batch-Dateien

Verwenden Sie rem oder ::, um Kommentare in Ihr Skript einzufügen:

```
@echo off
:: Dies ist ein Kommentar
rem Dies ist auch ein Kommentar
echo Hallo Welt!
pause
```

Erklärung:

- **rem** und **:::** Fügen Kommentare ein, die nicht ausgeführt werden.

7. Aufrufen von Batch-Dateien aus anderen Batch-Dateien

Sie können eine Batch-Datei von einer anderen aus aufrufen:

```
@echo off
call meinAnderesSkript.bat
pause
```

Erklärung:

- **call**: Ruft eine andere Batch-Datei auf und kehrt danach zur aufrufenden Batch-Datei zurück.

8. Verzweigungen und GOTO

Mit goto und Labels können Sie den Ablauf eines Skripts steuern:

```
set /p choice=Möchten Sie fortfahren (J/N)?

if /I "%choice%"=="J" goto weiter

if /I "%choice%"=="N" goto ende


:weiter

echo Sie haben fortgefahren!

goto ende


:ende

echo Das Skript endet hier.

pause
```

Erklärung:

- **goto**: Springt zu einem definierten Label im Skript (z.B. :weiter).
- **Labels** beginnen mit : und dienen als Sprungmarken.

Zusammenfassung

Die grundlegende Syntax und Struktur von Batch-Dateien ist einfach zu erlernen und ermöglicht es Ihnen, wiederkehrende Aufgaben zu automatisieren und komplexere Arbeitsabläufe in der Windows-Umgebung effizient zu steuern. Mit den Werkzeugen, die in Batch-Skripten zur Verfügung stehen – wie Variablen, Schleifen, bedingte Anweisungen und die Steuerung des Skriptablaufs – können Sie leistungsstarke und flexible Automatisierungen erstellen. Das Verständnis dieser Grundprinzipien ist der erste Schritt zu fortgeschrittenem Skripting und Automatisierung.

Fehlerbehandlung und Debugging

Fehlerbehandlung und Debugging sind wesentliche Aspekte beim Erstellen und Ausführen von Batch-Skripten. Ein sorgfältiges Management von Fehlern hilft, unerwartetes Verhalten zu vermeiden, und erleichtert die Fehlersuche, wenn das Skript nicht wie erwartet funktioniert. In diesem Abschnitt werden Techniken und Befehle zur Fehlerbehandlung und zum Debugging von Batch-Skripten erläutert.

1. Grundlegende Fehlerbehandlung

Die Fehlerbehandlung in Batch-Skripten ist zwar nicht so ausgefeilt wie in Programmiersprachen, aber es gibt mehrere Möglichkeiten, mit Fehlern umzugehen und das Skript robuster zu gestalten.

Verwendung von ERRORLEVEL

- **Überprüfen von ERRORLEVEL:**

    o Jeder Befehl, der in der CMD ausgeführt wird, gibt einen sogenannten ERRORLEVEL zurück. Dieser Wert kann überprüft werden, um festzustellen, ob ein Befehl erfolgreich war.

    o Ein ERRORLEVEL von 0 bedeutet in der Regel, dass der Befehl erfolgreich war, während ein Wert größer als 0 auf einen Fehler hinweist.

```
@echo off
copy C:\Beispiel\datei.txt D:\Backup\
if %ERRORLEVEL% NEQ 0 (
    echo Fehler beim Kopieren der Datei!
```

```
    exit /b %ERRORLEVEL%
)

echo Datei erfolgreich kopiert.
```

Bedeutung:

- **NEQ** steht für "not equal" und prüft, ob ERRORLEVEL nicht
  gleich 0 ist, was auf einen Fehler hinweisen würde.

exit /b verwenden:

- **Exit-Codes in Skripten verwenden:**

  o Sie können mit exit /b einen bestimmten Exit-Code
    zurückgeben, wenn Ihr Skript beendet wird. Dies ist
    nützlich, wenn das Skript von einem anderen Skript
    oder Programm aufgerufen wird, das den Exit-Code
    verwendet, um festzustellen, ob das Skript erfolgreich
    war.

```
@echo off

set /p datei=Dateiname zum Kopieren:

copy %datei% D:\Backup\

if %ERRORLEVEL% NEQ 0 (

    echo Fehler beim Kopieren der Datei!

    exit /b 1
)

echo Datei erfolgreich kopiert.

exit /b 0
```

2. Debugging-Techniken

1. Verwenden von echo für Debugging

- **Zwischenergebnisse ausgeben:**

- o Nutzen Sie echo, um den Wert von Variablen und den Fortschritt des Skripts an verschiedenen Stellen anzuzeigen.

```
@echo off

set /p datei=Dateiname zum Kopieren:

echo Datei: %datei%

copy %datei% D:\Backup\

echo ERRORLEVEL nach dem Kopieren: %ERRORLEVEL%
```

2. Skriptzeilen einzeln ausführen (pause und choice)

- **Skript anhalten:**

  - o Verwenden Sie pause oder choice, um das Skript an bestimmten Stellen anzuhalten und sicherzustellen, dass es bis zu diesem Punkt korrekt ausgeführt wird.

```
@echo off
echo Starte Skript...
pause
copy C:\Beispiel\datei.txt D:\Backup\
echo Kopiervorgang abgeschlossen.
pause
```

- **Benutzerauswahl für die Fortsetzung:**

  - o Mit choice können Sie dem Benutzer die Möglichkeit geben, das Skript an einem bestimmten Punkt fortzusetzen oder zu beenden.

```
@echo off
echo Möchten Sie fortfahren?
```

```
choice /c yn /m "Drücken Sie Y für Ja oder N für Nein."

if errorlevel 2 exit /b

echo Fortfahren...
```

3. Verwenden von setlocal und endlocal

- **Isolierung von Variablen:**

    o Mit setlocal können Sie sicherstellen, dass Änderungen
       an Variablen innerhalb eines Skripts lokal bleiben und
       nach der Ausführung von endlocal nicht mehr gültig
       sind. Dies hilft, unbeabsichtigte Änderungen an
       Variablen außerhalb eines bestimmten Skriptbereichs zu
       vermeiden.

```
@echo off

setlocal

set variable=Wert

echo Lokaler Wert: %variable%

endlocal
```

4. Zeilenweises Debugging mit echo on und @echo on

- **Befehle anzeigen:**

    o Verwenden Sie echo on, um die Ausgabe jedes Befehls
       anzuzeigen, während er ausgeführt wird. Dies ist
       nützlich, um zu sehen, welche Befehle tatsächlich
       aufgerufen werden.

```
@echo on
```

```
set /p datei=Dateiname zum Kopieren:
copy %datei% D:\Backup\
```

- **Gezieltes Debugging:**

  - Sie können echo on und echo off selektiv an
    bestimmten Stellen im Skript verwenden, um nur
    bestimmte Teile des Skripts detailliert zu überwachen.

5. Verwenden von goto für Fehlerpfade

- **Fehlerpfade implementieren:**

  - Nutzen Sie goto, um bei Fehlern zu einer speziellen
    Fehlerbehandlungsroutine im Skript zu springen.

```
@echo off
set /p datei=Dateiname zum Kopieren:
copy %datei% D:\Backup\
if %ERRORLEVEL% NEQ 0 goto Fehler
echo Datei erfolgreich kopiert.
goto Ende

:Fehler
echo Fehler beim Kopieren der Datei.
goto Ende

:Ende
pause
```

3. Fortgeschrittene Fehlerbehandlung

1. try-catch-ähnliche Konstruktion simulieren

- **Pseudocode für Fehlerbehandlung:**
  - Auch wenn CMD keine native try-catch-Konstruktion bietet, können Sie mit bedingten Anweisungen (if) und goto ähnliche Strukturen aufbauen.

```
@echo off
set "error=0"


set /p datei=Dateiname zum Kopieren:
copy %datei% D:\Backup\ || set "error=1"


if %error%==1 (
    echo Ein Fehler ist aufgetreten.
    goto Fehlerbehandlung
)


echo Skript erfolgreich abgeschlossen.
goto Ende


:Fehlerbehandlung
echo Fehlerbehandlung wird ausgeführt...


:Ende
```

```
pause
```

2. Protokollierung von Fehlern

- **Fehlerprotokoll schreiben:**

  - Sie können alle Ausgaben und Fehler in eine Datei
    umleiten, um sie später zu analysieren.

```
@echo off

set logdatei=skript_log.txt


echo Skript gestartet am %date% um %time% > %logdatei%

set /p datei=Dateiname zum Kopieren:

copy %datei% D:\Backup\ >> %logdatei% 2>&1


if %ERRORLEVEL% NEQ 0 (

    echo Fehler beim Kopieren von %datei% >> %logdatei%

    exit /b 1

)

echo Datei erfolgreich kopiert. >> %logdatei%
```

Zusammenfassung

Fehlerbehandlung und Debugging sind wesentliche Komponenten des
Batch-Skriptings in der CMD. Durch die Überprüfung des ERRORLEVEL,
das gezielte Anzeigen von Zwischenergebnissen, das Verwenden von
setlocal für die Variablenisolierung und die Implementierung von
Fehlerpfaden mit goto können Sie robustere und fehlerfreie Skripte
erstellen. Ein systematischer Ansatz für Debugging und

Fehlerbehandlung erleichtert nicht nur die Fehlersuche, sondern sorgt auch dafür, dass Ihre Skripte zuverlässig in verschiedenen Umgebungen funktionieren.

Beispiele für praktische Batch-Skripte

Batch-Skripte bieten eine leistungsstarke Möglichkeit, wiederkehrende Aufgaben zu automatisieren und Prozesse zu optimieren. Im Folgenden finden Sie einige praktische Beispiele für Batch-Skripte, die häufig in der Verwaltung und Automatisierung von Windows-Systemen verwendet werden.

Beispiel 1: Automatisierte Datensicherung

Szenario: Sie möchten regelmäßig wichtige Dateien aus einem Verzeichnis in ein Backup-Verzeichnis kopieren, um sicherzustellen, dass keine Daten verloren gehen.

Skript:

```
@echo off
set "quelle=C:\WichtigeDateien"
set "ziel=D:\Backup\%date%"


echo Erstelle Backup-Verzeichnis...
if not exist "%ziel%" mkdir "%ziel%"


echo Kopiere Dateien...
xcopy "%quelle%\*" "%ziel%\" /E /I /H /Y


if %ERRORLEVEL%==0 (
```

```
    echo Backup erfolgreich erstellt.
) else (
    echo Fehler beim Erstellen des Backups.
)


pause
```

Erklärung:

- **xcopy** kopiert alle Dateien und Unterverzeichnisse aus C:\WichtigeDateien in das Backup-Verzeichnis, das auf Grundlage des aktuellen Datums im Verzeichnis D:\Backup\ erstellt wird.

- **/E** kopiert alle Unterverzeichnisse, auch leere.

- **/I** gibt an, dass das Ziel ein Verzeichnis ist.

- **/H** kopiert auch versteckte und Systemdateien.

- **/Y** unterdrückt die Aufforderung zur Bestätigung des Überschreibens.

Beispiel 2: Protokollierung der Systeminformationen

Szenario: Sie möchten die Systeminformationen eines Computers erfassen und in einer Datei speichern, die regelmäßig aktualisiert wird.

Skript:

```
@echo off
set "logfile=C:\Systemberichte\Systeminfo_%date%.txt"


echo Erfasse Systeminformationen...
systeminfo > "%logfile%"
```

```
echo Netzwerkinformationen erfassen...

ipconfig /all >> "%logfile%"


echo Protokoll wird gespeichert unter %logfile%

pause
```

Erklärung:

- **systeminfo** sammelt grundlegende Systeminformationen wie Betriebssystemversion, Speicher, Netzwerkadapter usw.

- **ipconfig /all** fügt detaillierte Netzwerkinformationen hinzu.

- **>>** leitet die Ausgabe an eine Datei weiter und hängt sie an bestehende Daten an, wenn die Datei bereits existiert.

Beispiel 3: Alte Dateien aus einem Verzeichnis löschen

Szenario: In einem Verzeichnis sammeln sich viele temporäre Dateien an, die älter als 30 Tage sind und regelmäßig gelöscht werden sollen.

Skript:

```
@echo off

set "verzeichnis=C:\Temp"


echo Lösche alte Dateien im Verzeichnis %verzeichnis%...

forfiles /p "%verzeichnis%" /s /m *.* /d -30 /c "cmd /c del @path"


if %ERRORLEVEL%==0 (

    echo Alte Dateien wurden erfolgreich gelöscht.

) else (

    echo Fehler beim Löschen alter Dateien.

)
```

```
pause
```

Erklärung:

- **forfiles** durchsucht das Verzeichnis C:\Temp und alle Unterverzeichnisse nach Dateien, die älter als 30 Tage sind, und löscht sie.

- **/d -30** wählt Dateien aus, die vor mehr als 30 Tagen geändert wurden.

- **/c "cmd /c del @path"** führt den del-Befehl aus, um die Dateien zu löschen.

Beispiel 4: Netzwerkverbindung überprüfen und Benachrichtigung senden

Szenario: Sie möchten die Netzwerkverbindung zu einem bestimmten Server regelmäßig überprüfen und eine Benachrichtigung senden, wenn der Server nicht erreichbar ist.

Skript:

```
@echo off

set "server=www.example.com"

set "logfile=C:\Netzwerkprotokolle\Netzwerktest_%date%.txt"


echo Überprüfe Netzwerkverbindung zu %server%...

ping -n 4 %server% >nul


if %ERRORLEVEL% NEQ 0 (

    echo %server% ist nicht erreichbar! >> "%logfile%"

    net send IhrBenutzername "Server %server% ist nicht
erreichbar!"

) else (
```

```
        echo %server% ist erreichbar. >> "%logfile%"
)


echo Überprüfung abgeschlossen.

pause
```

Erklärung:

- **ping** sendet vier Pakete an www.example.com, um die Netzwerkverbindung zu überprüfen.

- **net send** sendet eine Benachrichtigung über das Netzwerk (dieser Befehl funktioniert nur in bestimmten Netzwerkumgebungen oder auf älteren Windows-Versionen).

- **>nul** unterdrückt die Anzeige der Ping-Ausgabe im CMD-Fenster.

Beispiel 5: Automatisches Herunterfahren des Computers zu einer bestimmten Uhrzeit

Szenario: Sie möchten sicherstellen, dass ein Computer jeden Abend um 22:00 Uhr automatisch heruntergefahren wird.

Skript:

```
@echo off

echo Der Computer wird um 22:00 Uhr heruntergefahren.

shutdown /s /t 3600 /c "Der Computer wird in einer Stunde
heruntergefahren."

timeout /t 3600 /nobreak

shutdown /s /f /t 0
```

Erklärung:

- **shutdown /s /t 3600** plant das Herunterfahren des Computers in 3600 Sekunden (1 Stunde).

- **/f** erzwingt das Schließen aller laufenden Anwendungen.

- **/c** fügt einen Kommentar zur Benachrichtigung hinzu.

- **timeout /t 3600 /nobreak** wartet eine Stunde, bevor das endgültige Herunterfahren ausgelöst wird.

Beispiel 6: Benutzerdefinierte Menüauswahl

Szenario: Sie möchten ein einfaches Skript erstellen, das dem Benutzer verschiedene Optionen zur Auswahl bietet, z.B. eine Datei zu sichern, den Papierkorb zu leeren oder den Computer herunterzufahren.

Skript:

```
@echo off
:menu
echo Wählen Sie eine Option:
echo [1] Backup erstellen
echo [2] Papierkorb leeren
echo [3] Computer herunterfahren
echo [4] Beenden
set /p choice=Geben Sie Ihre Wahl ein:


if "%choice%"=="1" goto backup
if "%choice%"=="2" goto emptybin
if "%choice%"=="3" goto shutdown
if "%choice%"=="4" goto end


echo Ungültige Auswahl, bitte erneut versuchen.
goto menu
```

```
:backup

echo Erstelle Backup...

xcopy C:\WichtigeDateien D:\Backup /E /I /H /Y

goto menu


:emptybin

echo Papierkorb wird geleert...

rd /s /q %systemdrive%\$Recycle.bin

goto menu


:shutdown

echo Computer wird heruntergefahren...

shutdown /s /t 0

goto end


:end

echo Skript beendet.

pause
```

Erklärung:

- Dieses Skript bietet ein einfaches Menüsystem, mit dem der Benutzer verschiedene Aktionen ausführen kann.

- **goto** wird verwendet, um den Programmfluss je nach Benutzerwahl zu steuern.

Zusammenfassung

Die oben genannten Beispiele veranschaulichen, wie Batch-Skripte in verschiedenen Szenarien eingesetzt werden können, um alltägliche

Aufgaben zu automatisieren und Arbeitsabläufe zu optimieren. Ob es darum geht, regelmäßige Backups zu erstellen, Netzwerkverbindungen zu überwachen oder einfache Menüsysteme für Benutzer zu implementieren – Batch-Skripte bieten eine flexible und leistungsfähige Möglichkeit, solche Aufgaben auf Windows-Systemen effizient zu erledigen. Das Verständnis und die Anwendung dieser Beispiele kann Ihnen helfen, Ihre eigenen Automatisierungsskripte zu erstellen, die auf Ihre spezifischen Bedürfnisse zugeschnitten sind.

9. Netzwerkbefehle
Grundlegende Netzwerkoperationen

Netzwerkbefehle in der CMD sind nützlich, um Informationen über die Netzwerkverbindungen eines Computers abzurufen, Netzwerkprobleme zu diagnostizieren und die allgemeine Netzwerkaktivität zu überwachen. Die Befehle netstat und nbtstat sind zwei wichtige Werkzeuge, die Ihnen helfen können, diese Aufgaben zu bewältigen.

1. netstat - Netzwerkstatistiken anzeigen

Der Befehl netstat (Network Statistics) zeigt detaillierte Informationen über die aktuellen Netzwerkverbindungen, offene Ports, Routing-Tabellen und Protokollstatistiken. Dies ist nützlich, um zu sehen, welche Verbindungen aktiv sind, welche Ports genutzt werden und um potenziell problematische Netzwerkaktivitäten zu identifizieren.

Verwendung:

- **Aktive Verbindungen anzeigen:**
    - o   Um eine Liste aller aktiven Verbindungen anzuzeigen:

```
netstat
```

- Dieser Befehl zeigt alle aktuellen TCP-Verbindungen einschließlich der lokalen und der Remote-IP-Adressen sowie der verwendeten Ports.

- **Verbindungen mit Auflösung der Hostnamen:**

  o Um die Remote-IP-Adressen in Hostnamen aufzulösen:

```
netstat -n
```

- Dieser Befehl zeigt die Verbindungen ohne Namensauflösung an (Hostnamen werden nicht aufgelöst, was die Ausführung beschleunigt).

- **Offene Ports anzeigen:**

  o Um alle aktiven Verbindungen und offenen Ports aufzulisten:

```
netstat -a
```

- Dieser Befehl zeigt alle aktiven TCP- und UDP-Verbindungen sowie die offenen Ports an, die auf eingehende Verbindungen warten.

- **Verbindungen pro Protokoll anzeigen:**

  o Um die Verbindungen pro Protokoll (TCP, UDP) anzuzeigen:

```
netstat -p tcp
```

- Dieser Befehl zeigt nur die TCP-Verbindungen an. Ersetzen Sie tcp durch udp, um nur UDP-Verbindungen anzuzeigen.

- **Statistiken pro Protokoll anzeigen:**

  - o Um detaillierte Statistiken für jedes Protokoll anzuzeigen:

```
netstat -s
```

  - ▪ Dieser Befehl zeigt eine Übersicht über statistische Daten zu Protokollen wie TCP, UDP, ICMP und IP.

- **Prozessinformationen mit Verbindungen anzeigen:**

  - o Um Informationen über die Prozesse zu erhalten, die mit den Verbindungen verbunden sind:

```
netstat -o
```

  - ▪ Dieser Befehl zeigt die Prozess-ID (PID) für jede Verbindung an, sodass Sie den zugehörigen Prozess identifizieren können.

Beispiel:

```
netstat -an
```

- Zeigt alle aktiven Verbindungen und offenen Ports an, ohne die IP-Adressen in Hostnamen aufzulösen.

Tipp:

- Verwenden Sie netstat -b, um die ausführbare Datei anzuzeigen, die eine Verbindung geöffnet hat (Administratorrechte erforderlich).

2. nbtstat - NetBIOS über TCP/IP-Statistiken

Der Befehl nbtstat wird verwendet, um NetBIOS-über-TCP/IP-Protokollstatistiken anzuzeigen, einschließlich Informationen über Namen, Sitzungen und Verbindungen. Dieser Befehl ist besonders nützlich in Netzwerken, die auf dem NetBIOS-Protokoll basieren, um Namen aufzulösen und Verbindungsinformationen zu überprüfen.

Verwendung:

- **NetBIOS-Namenstabelle eines Remote-Computers anzeigen:**

    o Um die NetBIOS-Namenstabelle eines Remote-Computers anzuzeigen:

```
nbtstat -A <IP-Adresse>
```

  - Beispiel:

```
nbtstat -A 192.168.1.100
```

  - Dieser Befehl zeigt die NetBIOS-Namenstabelle (die Namensauflösungen und registrierten Dienste) für den angegebenen Computer an.

- **NetBIOS-Namenstabelle des lokalen Computers anzeigen:**

    o Um die lokale NetBIOS-Namenstabelle anzuzeigen:

```
nbtstat -n
```

  - Dieser Befehl zeigt die NetBIOS-Namen an, die auf dem lokalen Computer registriert sind.

- **Aktive NetBIOS-Sitzungen anzeigen:**

    o Um eine Liste der aktuellen NetBIOS-Sitzungen und deren Status anzuzeigen:

```
nbtstat -S
```

- Dieser Befehl zeigt die NetBIOS-Sitzungen an, die derzeit auf dem Computer aktiv sind.

- **NetBIOS-Namencache leeren:**

  o Um den NetBIOS-Namencache zu leeren:

```
nbtstat -R
```

- Dieser Befehl leert den NetBIOS-Namencache und fordert eine erneute Registrierung der NetBIOS-Namen an.

- **NetBIOS-Namencache anzeigen:**

  o Um den Inhalt des NetBIOS-Namencaches anzuzeigen:

```
nbtstat -c
```

- Dieser Befehl zeigt den Cache der NetBIOS-Namen und ihre zugehörigen IP-Adressen an.

Beispiel:

```
nbtstat -A 192.168.1.100
```

- Zeigt die NetBIOS-Namenstabelle für den Computer mit der IP-Adresse 192.168.1.100 an.

Tipp:

- nbtstat ist besonders nützlich in Netzwerken, die ältere Windows-Versionen oder NetBIOS-basierte Anwendungen verwenden.

Zusammenfassung

Die Befehle netstat und nbtstat sind grundlegende Werkzeuge zur Analyse und Überwachung von Netzwerkaktivitäten und -verbindungen in Windows-Netzwerken. netstat bietet eine breite Palette von Informationen zu aktiven Verbindungen, offenen Ports und Protokollstatistiken, während nbtstat speziell für NetBIOS-basierte Netzwerke wertvolle Einblicke in Namensauflösungen und Sitzungen bietet. Das Verständnis und die Anwendung dieser Befehle können Ihnen helfen, Netzwerkprobleme zu diagnostizieren, die Netzwerkaktivität zu überwachen und Sicherheitsprobleme zu identifizieren.

Netzwerkfreigaben und -rechte

Das Verwalten von Netzwerkfreigaben ist ein zentraler Bestandteil der Administration von Windows-Netzwerken. Eine Freigabe ermöglicht es Benutzern im Netzwerk, auf Verzeichnisse und Dateien zuzugreifen, die auf einem anderen Computer gespeichert sind. Der Befehl net share wird verwendet, um diese Freigaben zu erstellen, zu verwalten und zu entfernen.

1. net share - Freigaben verwalten

Der Befehl net share ermöglicht es Ihnen, Verzeichnisse auf Ihrem Computer für andere Benutzer im Netzwerk freizugeben oder bestehende Freigaben zu verwalten. Mit diesem Befehl können Sie neue Freigaben erstellen, bestehende Freigaben anzeigen und entfernen, sowie die Berechtigungen für diese Freigaben anpassen.

Verwendung:

- **Liste aller Freigaben anzeigen:**
  - o Um eine Liste aller derzeit freigegebenen Verzeichnisse auf dem Computer anzuzeigen:

```
net share
```

- Dieser Befehl listet alle freigegebenen Verzeichnisse, deren Pfade und die zugehörigen Freigabenamen auf.

- **Eine neue Freigabe erstellen:**

  o Um ein Verzeichnis freizugeben, verwenden Sie:

```
net share Freigabename=Pfad /grant:Benutzer,Rechte
```

- Beispiel:

```
net share Daten=C:\Beispiel\Daten /grant:Jeder,read
```

- Dieser Befehl gibt das Verzeichnis C:\Beispiel\Daten unter dem Freigabenamen Daten frei und gewährt allen Benutzern (Jeder) Lesezugriff.

- **Freigabeberechtigungen anpassen:**

  o Um die Berechtigungen für eine bestehende Freigabe anzupassen:

```
net share Freigabename /grant:Benutzer,Rechte
```

- Beispiel:

```
net share Daten /grant:MaxMuster,full
```

- Dieser Befehl gewährt dem Benutzer MaxMuster Vollzugriff auf die Freigabe Daten.

- **Eine Freigabe entfernen:**

o   Um eine Freigabe zu entfernen:

```
net share Freigabename /delete
```

▪   Beispiel:

```
net share Daten /delete
```

▪   Dieser Befehl entfernt die Freigabe Daten,
sodass das Verzeichnis C:\Beispiel\Daten nicht
mehr im Netzwerk verfügbar ist.

- **Freigabeberechtigungen anzeigen:**

o   Um die Berechtigungen einer Freigabe anzuzeigen,
verwenden Sie:

```
net share Freigabename
```

▪   Beispiel:

```
net share Daten
```

▪   Dieser Befehl zeigt die aktuellen
Berechtigungen und Details der Freigabe Daten.

Beispielhafte Szenarien:

1. **Freigeben eines Verzeichnisses mit Lesezugriff für alle
Benutzer:**

o   Angenommen, Sie möchten das Verzeichnis C:\Daten im
Netzwerk freigeben und allen Benutzern Lesezugriff
gewähren:

```
net share PublicData=C:\Daten /grant:Jeder,read
```

2. **Freigeben eines Verzeichnisses mit Vollzugriff für einen
spezifischen Benutzer:**

     o   Um einem bestimmten Benutzer vollständigen Zugriff zu
         gewähren:

```
net share SecureData=C:\Sicher\Dokumente /grant:MaxMuster,full
```

3. **Eine Freigabe entfernen, wenn sie nicht mehr benötigt wird:**

     o   Wenn die Freigabe PublicData nicht mehr benötigt wird,
         können Sie sie mit folgendem Befehl entfernen:

```
net share PublicData /delete
```

Berechtigungen im Detail:

- **read**: Ermöglicht dem Benutzer, Dateien in der Freigabe zu lesen
  und zu kopieren, aber nicht zu ändern oder zu löschen.

- **change**: Ermöglicht dem Benutzer, Dateien in der Freigabe zu
  lesen, zu ändern und zu löschen.

- **full**: Ermöglicht dem Benutzer vollständigen Zugriff,
  einschließlich der Möglichkeit, die Berechtigungen zu ändern.

Hinweis:

- In Netzwerken mit strengen Sicherheitsanforderungen ist es
  wichtig, Freigaben nur für die benötigten Benutzer und mit den
  minimal notwendigen Rechten zu erstellen.

Zusammenfassung

Der Befehl net share ist ein mächtiges Werkzeug zur Verwaltung von
Netzwerkfreigaben in Windows. Mit ihm können Sie Verzeichnisse im
Netzwerk freigeben, die Berechtigungen für diese Freigaben festlegen
und Freigaben entfernen, wenn sie nicht mehr benötigt werden. Eine
sorgfältige Verwaltung der Freigaben und ihrer Berechtigungen ist
entscheidend, um sicherzustellen, dass sensible Daten im Netzwerk
geschützt bleiben und nur den richtigen Benutzern Zugriff gewährt wird.
Die Beherrschung des net share-Befehls hilft Ihnen, die
Netzwerkfreigaben effizient und sicher zu verwalten.

Remote-Befehle

In der CMD können Sie mit Remote-Befehlen wie ssh und telnet Verbindungen zu anderen Computern über das Netzwerk herstellen. Diese Befehle sind besonders nützlich für die Fernwartung, das Management von Servern und die Durchführung von Aufgaben auf entfernten Systemen. Während ssh für eine sichere Verbindung verwendet wird, ist telnet ein älteres Protokoll, das jedoch in bestimmten Netzwerken und Umgebungen immer noch verwendet wird.

1. ssh - Sichere Remote-Verbindungen herstellen

ssh (Secure Shell) ist ein Protokoll, das eine sichere Verbindung zu einem Remote-Computer über ein ungesichertes Netzwerk ermöglicht. Es verschlüsselt den gesamten Datenverkehr zwischen dem Client und dem Server, wodurch das Risiko von Abhörangriffen minimiert wird. ssh ist besonders in Unix- und Linux-Umgebungen verbreitet, wird aber auch in Windows zunehmend unterstützt.

Verwendung:

- **Verbindung zu einem Remote-Server herstellen:**
  - Um eine ssh-Verbindung zu einem Remote-Server herzustellen:

```
ssh Benutzername@Hostname
```

  - Beispiel:

```
ssh max@192.168.1.100
```

  - Dieser Befehl stellt eine ssh-Verbindung zu einem Server mit der IP-Adresse 192.168.1.100 her, wobei der Benutzername max verwendet wird.

- **Verbindung mit einem bestimmten Port herstellen:**
  - o Wenn der ssh-Server auf einem anderen Port als dem Standardport (22) läuft:

```
ssh Benutzername@Hostname -p Portnummer
```

  - ▪ Beispiel:

```
ssh max@192.168.1.100 -p 2222
```

  - ▪ Dieser Befehl verbindet sich mit dem Server über den Port 2222.

- **Ausführen eines Remote-Befehls:**
  - o Sie können einen Befehl auf dem Remote-Server ausführen, ohne eine interaktive Sitzung zu starten:

```
ssh Benutzername@Hostname "Befehl"
```

  - ▪ Beispiel:

```
ssh max@192.168.1.100 "ls -l /home/max"
```

  - ▪ Dieser Befehl listet die Dateien im Verzeichnis /home/max auf dem Remote-Server auf.

- **Verwenden eines SSH-Schlüssels für die Authentifizierung:**
  - o Wenn Sie sich mit einem SSH-Schlüssel authentifizieren möchten:

```
ssh -i PfadZumSchlüssel Benutzername@Hostname
```

- Beispiel:

```
ssh -i C:\Keys\id_rsa max@192.168.1.100
```

- Dieser Befehl verwendet den SSH-Schlüssel id_rsa, um sich beim Server zu authentifizieren.

Sicherheitshinweis:

- ssh verwendet standardmäßig eine starke Verschlüsselung und sollte bevorzugt eingesetzt werden, wenn die Sicherheit der Verbindung wichtig ist.

2. telnet - Einfache Remote-Verbindungen herstellen

telnet ist ein älteres Netzwerkprotokoll, das eine einfache, aber unverschlüsselte Verbindung zu einem Remote-Computer ermöglicht. Obwohl telnet weitgehend durch ssh ersetzt wurde, kann es in bestimmten Legacy-Systemen oder Netzwerken nützlich sein, wo ssh nicht verfügbar ist.

Verwendung:

- **Verbindung zu einem Remote-Server herstellen:**
  - Um eine Telnet-Verbindung zu einem Remote-Server herzustellen:

```
telnet Hostname Portnummer
```

- Beispiel:

```
telnet 192.168.1.100 23
```

- Dieser Befehl stellt eine Telnet-Verbindung zu einem Server mit der IP-Adresse 192.168.1.100 über den Port 23 (Standard-Telnet-Port) her.

- **Verbindung zu einem bestimmten Dienst testen:**

  - Sie können telnet verwenden, um zu testen, ob ein bestimmter Dienst auf einem Remote-Server erreichbar ist:

```
telnet Hostname Portnummer
```

- Beispiel:

```
telnet mail.example.com 25
```

- Dieser Befehl verbindet sich mit einem E-Mail-Server auf Port 25 (SMTP), um zu testen, ob der Dienst aktiv ist.

- **Telnet-Befehle anzeigen:**

  - Während einer Telnet-Sitzung können Sie spezielle Telnet-Befehle ausführen, indem Sie Ctrl +] drücken und dann ? eingeben, um eine Liste der Befehle anzuzeigen.

Sicherheitshinweis:

- telnet überträgt Daten unverschlüsselt, daher sollte es nur in vertrauenswürdigen, abgeschotteten Netzwerken verwendet werden. Für sichere Verbindungen sollte ssh bevorzugt werden.

Beispielhafte Szenarien:

1. **Sicherer Remote-Zugriff auf einen Linux-Server:**

   - Um sich sicher mit einem Linux-Server zu verbinden und dort administrative Aufgaben auszuführen, könnten Sie ssh verwenden:

```
ssh root@server.example.com
```

2. Testen der Erreichbarkeit eines E-Mail-Servers:

- o Um zu überprüfen, ob ein E-Mail-Server auf Port 25 verfügbar ist, könnten Sie telnet verwenden:

```
telnet mail.example.com 25
```

3. Automatisiertes Ausführen eines Remote-Skripts über SSH:

- o Um ein Skript auf einem Remote-Server auszuführen, ohne eine interaktive Sitzung zu starten:

```
ssh user@server.example.com "/home/user/scripts/backup.sh"
```

Zusammenfassung:

Mit ssh und telnet stehen Ihnen zwei leistungsfähige Tools zur Verfügung, um Remote-Verbindungen zu anderen Computern herzustellen. Während ssh sichere und verschlüsselte Verbindungen bietet und in den meisten modernen Umgebungen bevorzugt wird, kann telnet in bestimmten Legacy-Systemen oder für einfache Tests von Netzwerkschnittstellen nützlich sein. Es ist wichtig, das richtige Tool für den jeweiligen Anwendungsfall zu wählen, insbesondere unter Berücksichtigung der Sicherheitsanforderungen. Die Beherrschung dieser Befehle ermöglicht es Ihnen, entfernte Systeme effektiv zu verwalten und Netzwerkverbindungen zu überprüfen.

Beispiele für Netzwerkadministration

In der Netzwerkadministration sind CMD-Befehle ein wesentliches Werkzeug, um Netzwerkprobleme zu diagnostizieren, Verbindungen zu verwalten und Konfigurationen vorzunehmen. Im Folgenden finden Sie einige praktische Beispiele, die Ihnen helfen können, typische Aufgaben in der Netzwerkadministration effizient zu bewältigen.

Beispiel 1: Überprüfung der Netzwerkkonnektivität

Szenario: Ein Benutzer meldet, dass er keine Verbindung zu einer externen Website herstellen kann. Sie möchten die Netzwerkkonnektivität überprüfen und herausfinden, wo das Problem liegt.

Verwendete Befehle: ping, tracert, nslookup

1. **Verbindung zum Zielserver testen:**

    o   Verwenden Sie ping, um die Erreichbarkeit des Servers zu testen:

```
ping www.example.com
```

    o   Wenn der Server erreichbar ist, erhalten Sie Antworten mit der Zeit in Millisekunden. Wenn der Server nicht erreichbar ist, wird ein Fehler angezeigt.

2. **Den Netzwerkpfad analysieren:**

    o   Wenn der Ping fehlschlägt oder langsam ist, verwenden Sie tracert, um den Netzwerkpfad zum Server zu analysieren:

```
tracert www.example.com
```

    o   Dieser Befehl zeigt Ihnen die Route, die Pakete vom lokalen Computer zum Server nehmen, und kann Ihnen helfen, Engpässe oder Ausfälle zu identifizieren.

3. **DNS-Auflösung überprüfen:**

o   Verwenden Sie nslookup, um zu überprüfen, ob die
DNS-Auflösung ordnungsgemäß funktioniert:

```
nslookup www.example.com
```

o   Dieser Befehl zeigt die IP-Adresse des Servers an, wie sie
von Ihrem DNS-Server aufgelöst wurde. Wenn die DNS-
Auflösung fehlschlägt, könnte das Problem bei der DNS-
Konfiguration liegen.

Beispiel 2: Überwachung der Netzwerkaktivität

Szenario: Sie vermuten, dass auf einem Server ungewöhnlich viele
Verbindungen zu einem bestimmten Dienst bestehen. Sie möchten die
Netzwerkaktivität überwachen, um das Problem zu identifizieren.

Verwendete Befehle: netstat, tasklist, taskkill

1. **Aktive Verbindungen und offene Ports anzeigen:**

o   Verwenden Sie netstat, um eine Liste aller aktiven
Verbindungen und offenen Ports anzuzeigen:

```
netstat -an
```

o   Dieser Befehl zeigt Ihnen alle aktiven Verbindungen mit
den jeweiligen IP-Adressen und Ports an.

2. **Verbindungen zu einem bestimmten Port filtern:**

o   Wenn Sie nach Verbindungen zu einem bestimmten
Port suchen möchten (z.B. Port 80 für HTTP):

```
netstat -an | findstr ":80"
```

3. **Verbindungen mit zugehörigen Prozessen anzeigen:**

- o Verwenden Sie netstat -o, um die Prozess-IDs (PIDs) der Programme zu sehen, die Verbindungen geöffnet haben:

```
netstat -ano
```

4. **Den verantwortlichen Prozess identifizieren und beenden:**

- o Wenn Sie einen verdächtigen Prozess identifiziert haben, verwenden Sie tasklist, um mehr über den Prozess zu erfahren:

```
tasklist /fi "PID eq 1234"
```

- o Um den Prozess zu beenden:

```
taskkill /PID 1234 /F
```

Beispiel 3: Freigeben eines Netzwerkverzeichnisses für das Team

Szenario: Sie möchten ein Verzeichnis für ein Team im Netzwerk freigeben, sodass die Teammitglieder darauf zugreifen und Dateien austauschen können.

Verwendete Befehle: net share, icacls

1. **Verzeichnis freigeben:**

- o Um das Verzeichnis C:\TeamDaten für das Netzwerk freizugeben:

```
net share TeamData=C:\TeamDaten /grant:Team,full
```

2. **Zugriffsrechte konfigurieren:**

- o Verwenden Sie icacls, um die Zugriffsrechte im Dateisystem weiter anzupassen:

```
icacls C:\TeamDaten /grant Team:(OI)(CI)F /T
```

- o Dieser Befehl gewährt der Gruppe Team vollständigen Zugriff auf das Verzeichnis und seine Unterverzeichnisse und Dateien.

3. **Freigabe überprüfen:**

- o Um die Freigabe und ihre Berechtigungen zu überprüfen:

```
net share TeamData
```

Beispiel 4: Netzwerkadapter konfigurieren

Szenario: Sie müssen die IP-Adresse eines Netzwerkadapters ändern, um ihn in ein anderes Subnetz zu verschieben.

Verwendete Befehle: netsh

1. **Netzwerkadapter anzeigen:**

- o Um eine Liste aller Netzwerkadapter und ihre Konfigurationen anzuzeigen:

```
netsh interface ipv4 show config
```

2. **IP-Adresse des Adapters ändern:**

- o Um die IP-Adresse des Adapters Ethernet auf 192.168.10.20 mit der Subnetzmaske 255.255.255.0 und dem Standardgateway 192.168.10.1 zu ändern:

```
netsh interface ipv4 set address name="Ethernet" static
192.168.10.20 255.255.255.0 192.168.10.1
```

3. **DNS-Server konfigurieren:**

   o   Um den bevorzugten DNS-Server zu 8.8.8.8 zu ändern:

```
netsh interface ipv4 set dns name="Ethernet" static 8.8.8.8
```

4. **Konfiguration überprüfen:**

   o   Überprüfen Sie die neue Konfiguration:

```
ipconfig /all
```

Beispiel 5: Netzwerkfreigaben automatisieren

Szenario: Sie möchten automatisch eine Reihe von Netzwerkfreigaben für verschiedene Abteilungen erstellen und die entsprechenden Berechtigungen setzen.

Verwendete Befehle: net share, icacls

1. **Batch-Skript zur Freigabeerstellung erstellen:**

   o   Beispiel-Skript, um Freigaben für mehrere Abteilungen zu erstellen:

```
@echo off

net share SalesData=C:\Abteilungen\Sales /grant:Sales,full

net share HRData=C:\Abteilungen\HR /grant:HR,full

net share ITData=C:\Abteilungen\IT /grant:IT,full


icacls C:\Abteilungen\Sales /grant Sales:(OI)(CI)F /T

icacls C:\Abteilungen\HR /grant HR:(OI)(CI)F /T

icacls C:\Abteilungen\IT /grant IT:(OI)(CI)F /T
```

```
echo Alle Freigaben wurden erfolgreich erstellt.

pause
```

2. **Skript ausführen:**

   o Führen Sie das Skript aus, um die Freigaben zu erstellen
   und die Berechtigungen zu setzen.

Zusammenfassung:

Diese Beispiele zeigen, wie CMD-Befehle in der Netzwerkadministration
eingesetzt werden können, um eine Vielzahl von Aufgaben zu
automatisieren und zu vereinfachen. Von der Überprüfung der
Netzwerkkonnektivität über die Überwachung der Netzwerkaktivität bis
hin zur Konfiguration von Netzwerkadaptern und der Verwaltung von
Netzwerkfreigaben – die Beherrschung dieser Befehle ermöglicht es
Ihnen, Netzwerke effizient zu verwalten und Probleme schnell zu
diagnostizieren und zu beheben.

10. Erweiterte Befehle und Tools
Registrierungseditor über CMD

Die Windows-Registrierung ist eine zentrale Datenbank, in der das
Betriebssystem und installierte Anwendungen ihre Konfigurationsdaten
speichern. Der reg-Befehl in der CMD ermöglicht es Ihnen,
Registrierungseinträge direkt über die Eingabeaufforderung zu erstellen,
zu ändern, zu löschen und zu exportieren. Dies kann besonders nützlich
sein, wenn Sie Änderungen an der Registrierung automatisieren oder
auf mehreren Computern gleichzeitig vornehmen möchten.

1. Grundlegende Syntax von reg

Der reg-Befehl bietet eine Vielzahl von Optionen zum Verwalten der
Windows-Registrierung. Die grundlegende Syntax lautet:

```
reg <operation> [Optionen]
```

Operationen:

- **add**: Hinzufügen eines neuen Registrierungseintrags.

- **delete**: Löschen eines Registrierungseintrags.

- **query**: Abfragen von Registrierungseinträgen.

- **export**: Exportieren eines Registrierungsschlüssels in eine .reg-Datei.

- **import**: Importieren einer .reg-Datei in die Registrierung.

- **copy**: Kopieren eines Registrierungseintrags von einem Ort zum anderen.

- **save**: Speichern eines Registrierungsschlüssels in einer Datei.

- **load**: Laden eines Registrierungsschlüssels aus einer Datei.

- **unload**: Entladen eines Registrierungsschlüssels.

2. Erstellung und Änderung von Registrierungseinträgen

Mit reg add können Sie neue Schlüssel und Werte in der Registrierung erstellen oder vorhandene Einträge ändern.

Beispiel 1: Erstellen eines neuen Schlüssels

- Um einen neuen Registrierungsschlüssel zu erstellen:

```
reg add "HKCU\Software\MeinProgramm"
```

- Dieser Befehl erstellt einen neuen Schlüssel namens MeinProgramm im Pfad HKEY_CURRENT_USER\Software.

Beispiel 2: Hinzufügen eines neuen Werts

- Um einen neuen Wert zu einem Schlüssel hinzuzufügen:

```
reg add "HKCU\Software\MeinProgramm" /v BeispielWert /t REG_SZ /d
"Hallo Welt" /f
```

- **Erklärung:**

  - /v **BeispielWert**: Gibt den Namen des Werts an
    (BeispielWert).

  - /t **REG_SZ**: Gibt den Typ des Werts an (REG_SZ für einen
    Zeichenfolgenwert).

  - /d **"Hallo Welt"**: Gibt die Daten für den Wert an (Hallo
    Welt).

  - /f: Erzwingt das Überschreiben eines vorhandenen
    Werts ohne Bestätigung.

Beispiel 3: Ändern eines vorhandenen Werts

- Um den Wert BeispielWert zu ändern:

```
reg add "HKCU\Software\MeinProgramm" /v BeispielWert /t REG_SZ /d
"Neuer Wert" /f
```

- Dieser Befehl ändert den Wert von BeispielWert auf Neuer
  Wert.

3. Löschen von Registrierungseinträgen

Mit reg delete können Sie Schlüssel oder Werte aus der Registrierung
entfernen.

Beispiel 1: Löschen eines Werts

- Um einen spezifischen Wert aus einem Schlüssel zu löschen:

```
reg delete "HKCU\Software\MeinProgramm" /v BeispielWert /f
```

- **Erklärung:**

  - o /v **BeispielWert**: Gibt den zu löschenden Wert an.

  - o /f: Erzwingt das Löschen ohne Bestätigung.

Beispiel 2: Löschen eines gesamten Schlüssels

- Um einen gesamten Schlüssel und alle seine Untereinträge zu löschen:

```
reg delete "HKCU\Software\MeinProgramm" /f
```

- Dieser Befehl entfernt den gesamten Schlüssel MeinProgramm einschließlich aller enthaltenen Werte und Unterschlüssel.

4. Abfragen und Exportieren von Registrierungseinträgen

Mit reg query können Sie die Werte eines Schlüssels anzeigen und mit reg export Schlüssel in eine .reg-Datei exportieren.

Beispiel 1: Abfragen eines Schlüssels

- Um die Werte eines spezifischen Schlüssels anzuzeigen:

```
reg query "HKCU\Software\MeinProgramm"
```

- Dieser Befehl zeigt alle Werte und deren Daten im Schlüssel MeinProgramm an.

Beispiel 2: Exportieren eines Schlüssels

- Um einen Schlüssel und seine Werte in eine .reg-Datei zu exportieren:

```
reg export "HKCU\Software\MeinProgramm"
"C:\Backup\MeinProgramm.reg"
```

- **Erklärung:**

  - o **"C:\Backup\MeinProgramm.reg"**: Gibt den Pfad und den Namen der Exportdatei an.

5. Importieren von Registrierungseinträgen

Mit reg import können Sie zuvor exportierte .reg-Dateien wieder in die Registrierung importieren.

Beispiel: Importieren einer .reg-Datei

- Um eine .reg-Datei in die Registrierung zu importieren:

```
reg import "C:\Backup\MeinProgramm.reg"
```

- Dieser Befehl importiert die Einstellungen aus MeinProgramm.reg in die Registrierung.

Hinweis: Beim Importieren überschreibt dieser Befehl vorhandene Schlüssel und Werte mit den Daten in der .reg-Datei.

6. Sichern und Wiederherstellen von Registrierungseinträgen

Mit reg save und reg load können Sie Registrierungsschlüssel sichern und wiederherstellen.

Beispiel 1: Sichern eines Schlüssels

- Um einen Registrierungsschlüssel in eine Datei zu speichern:

```
reg save "HKCU\Software\MeinProgramm"
"C:\Backup\MeinProgramm.hiv"
```

- Dieser Befehl speichert den Schlüssel MeinProgramm in der Datei MeinProgramm.hiv.

Beispiel 2: Wiederherstellen eines Schlüssels

- Um den gespeicherten Schlüssel wieder in die Registrierung zu laden:

```
reg load "HKCU\Software\MeinProgramm"
"C:\Backup\MeinProgramm.hiv"
```

- Dieser Befehl lädt den gespeicherten Schlüssel zurück in die Registrierung.

Zusammenfassung

Der reg-Befehl in der CMD ist ein mächtiges Werkzeug zur Verwaltung der Windows-Registrierung. Er ermöglicht Ihnen, Registrierungseinträge zu erstellen, zu ändern, zu löschen, zu exportieren und zu importieren – alles über die Befehlszeile. Dies ist besonders nützlich für die Automatisierung von Konfigurationsaufgaben, das Massenmanagement von Einstellungen auf mehreren Computern und die Sicherung und Wiederherstellung von Registrierungseinträgen. Das Verständnis und die Anwendung des reg-Befehls helfen Ihnen, die Verwaltung der Windows-Registrierung effizient und sicher zu gestalten.

Erweiterte Systemtools

In Windows gibt es leistungsstarke Tools wie sfc (System File Checker) und DISM (Deployment Imaging Service and Management Tool), die dazu verwendet werden können, beschädigte Systemdateien zu überprüfen und zu reparieren. Diese Tools sind besonders nützlich, wenn das System instabil ist oder wenn bestimmte Funktionen aufgrund von beschädigten Dateien nicht richtig funktionieren.

1. sfc - Systemdateien überprüfen und reparieren

Der sfc-Befehl überprüft die Integrität aller geschützten Systemdateien und ersetzt fehlerhafte Versionen durch die korrekten Versionen aus dem Cache oder der Windows-Installationsquelle.

Verwendung:

- **Systemdateien überprüfen und automatisch reparieren:**

  o Um eine vollständige Überprüfung der Systemdateien durchzuführen und beschädigte Dateien automatisch zu reparieren:

```
sfc /scannow
```

  - Dieser Befehl überprüft sofort alle geschützten Systemdateien auf ihrem Standardpfad. Wenn beschädigte Dateien gefunden werden, ersetzt sfc diese durch die richtige Version aus dem Windows-Komponentenspeicher.

- **Nur Integrität der Systemdateien überprüfen:**

  o Um die Systemdateien zu überprüfen, ohne sie zu reparieren:

```
sfc /verifyonly
```

  - Dieser Befehl überprüft die Integrität der Systemdateien, führt aber keine Reparaturen durch.

- **Bestimmte Systemdateien reparieren:**

  o Um eine spezifische Datei zu überprüfen und bei Bedarf zu reparieren:

```
sfc /scanfile=C:\Pfad\zur\Datei
```

- Beispiel:

```
sfc /scanfile=C:\Windows\System32\kernel32.dll
```

- Dieser Befehl überprüft und repariert, falls nötig, die Datei kernel32.dll.

- **Nur Integrität einer bestimmten Datei überprüfen:**

  o Um die Integrität einer bestimmten Datei zu überprüfen, ohne sie zu reparieren:

```
sfc /verifyfile=C:\Pfad\zur\Datei
```

- Beispiel:

```
sfc /verifyfile=C:\Windows\System32\kernel32.dll
```

Tipp:

- sfc /scannow sollte im abgesicherten Modus oder bei einem sauberen Neustart ausgeführt werden, wenn Systemdateien stark beschädigt sind.

2. DISM - Systemabbilder reparieren

DISM (Deployment Imaging Service and Management Tool) ist ein fortgeschritteneres Tool, das für die Reparatur von Windows-Abbildern verwendet wird. Es kann beschädigte oder fehlende Systemdateien reparieren, indem es sie direkt von Windows Update oder einer anderen Quelle herunterlädt.

Verwendung:

- **Systemabbild überprüfen:**

o Um den Status des Systemabbilds zu überprüfen:

```
DISM /Online /Cleanup-Image /CheckHealth
```

- Dieser Befehl überprüft, ob das Systemabbild beschädigt ist, führt aber keine Reparaturen durch.

- **Beschädigungen im Systemabbild scannen:**

  o Um das Systemabbild auf Beschädigungen zu überprüfen:

```
DISM /Online /Cleanup-Image /ScanHealth
```

- Dieser Befehl sucht nach Beschädigungen im Systemabbild, führt jedoch noch keine Reparaturen durch.

- **Systemabbild reparieren:**

  o Um das Systemabbild zu reparieren:

```
DISM /Online /Cleanup-Image /RestoreHealth
```

- Dieser Befehl repariert beschädigte Dateien, indem er sie durch saubere Versionen aus dem Windows Update oder einer Installationsquelle ersetzt.

- **Reparieren mit einer spezifischen Quellangabe:**

  o Wenn das Systemabbild stark beschädigt ist und die Reparatur nicht über Windows Update durchgeführt werden kann, können Sie eine alternative Quelle angeben:

```
DISM /Online /Cleanup-Image /RestoreHealth
/Source:WIM:C:\Sources\Install.wim:1 /LimitAccess
```

- **Erklärung:**

  - **/Source:WIM:C:\Sources\Install.wim:1**:
    Gibt an, dass die Datei Install.wim als
    Quelle verwendet wird, um die
    beschädigten Dateien zu reparieren.

  - **/LimitAccess**: Verhindert, dass DISM
    Windows Update verwendet, um
    Dateien herunterzuladen.

- **DISM mit einem gemounteten Abbild verwenden:**

  o Wenn Sie ein Windows-Abbild gemountet haben,
    können Sie es mit DISM reparieren:

```
DISM /Image:C:\Pfad\Zum\Abbild /Cleanup-Image /RestoreHealth
```

- **Erklärung:**

  - **/Image:C:\Pfad\Zum\Abbild**: Gibt das
    gemountete Windows-Abbild an, das
    repariert werden soll.

Tipp:

- DISM ist besonders nützlich, wenn sfc keine beschädigten
  Dateien reparieren kann, weil das Komponentenspeicherabbild
  selbst beschädigt ist.

Workflow für die Reparatur

1. **Überprüfen Sie die Systemdateien mit sfc /scannow.**

   o Führen Sie diesen Befehl aus, um einfache Fehler in den
     Systemdateien zu beheben.

- Wenn sfc keine Probleme findet oder nicht alle Probleme beheben kann, fahren Sie mit DISM fort.

2. **Verwenden Sie DISM /Online /Cleanup-Image /RestoreHealth, um das Systemabbild zu reparieren.**

    - Dieser Befehl lädt saubere Systemdateien von Windows Update herunter, um beschädigte Dateien zu ersetzen.

3. **Führen Sie sfc /scannow erneut aus.**

    - Nachdem DISM das Abbild repariert hat, führen Sie sfc erneut aus, um sicherzustellen, dass alle Systemdateien intakt sind.

Zusammenfassung:

Die Tools sfc und DISM sind unerlässlich für die Reparatur von beschädigten Systemdateien und -abbildern in Windows. sfc überprüft und repariert geschützte Systemdateien, während DISM verwendet wird, um das Systemabbild zu reparieren, das als Quelle für sfc dient. Durch den Einsatz dieser Tools können Sie viele häufige Probleme in Windows beheben und die Stabilität und Sicherheit des Systems gewährleisten. Sie sind besonders nützlich bei der Fehlersuche, wenn das System instabil ist oder grundlegende Funktionen nicht mehr richtig funktionieren.

Interaktion mit anderen Tools

In vielen Szenarien kann es sinnvoll sein, PowerShell-Befehle direkt aus der CMD heraus auszuführen, insbesondere wenn Sie die erweiterten Funktionen und Skriptfähigkeiten von PowerShell nutzen möchten, während Sie in einer CMD-Umgebung arbeiten. Dies kann besonders nützlich sein, wenn Sie ein CMD-Skript haben, das in bestimmten Abschnitten die Möglichkeiten von PowerShell benötigt.

PowerShell-Kommandos in CMD ausführen

Um PowerShell-Befehle direkt aus der CMD heraus auszuführen, verwenden Sie den powershell-Befehl gefolgt von dem PowerShell-Befehl oder Skript, das Sie ausführen möchten.

Grundlegende Syntax:

```
powershell -Command "<PowerShell-Befehl>"
```

Beispiele:

1. **Ein einfaches PowerShell-Kommando ausführen:**

   o Beispiel: Die aktuelle Uhrzeit in der CMD anzeigen lassen:

```
powershell -Command "Get-Date"
```

   ▪ Dieser Befehl zeigt das aktuelle Datum und die Uhrzeit an, indem er den PowerShell-Befehl Get-Date ausführt.

2. **Einen PowerShell-Befehl mit Parametern ausführen:**

   o Beispiel: Eine Liste aller laufenden Prozesse anzeigen:

```
powershell -Command "Get-Process"
```

   ▪ Dieser Befehl listet alle auf dem System laufenden Prozesse auf.

3. **Eine PowerShell-Variable in CMD verwenden:**

   o Beispiel: Den freien Speicherplatz auf einem Laufwerk anzeigen:

```
powershell -Command "$disk = Get-PSDrive C; $disk.Free"
```

   ▪ Dieser Befehl weist den freien Speicherplatz auf dem Laufwerk C: einer Variablen zu und zeigt diesen an.

4. **PowerShell-Skripte aus CMD heraus ausführen:**

   o Beispiel: Ein PowerShell-Skript ausführen, das in einer Datei gespeichert ist:

```
powershell -File "C:\Scripts\MeinSkript.ps1"
```

   ▪ Dieser Befehl führt das PowerShell-Skript MeinSkript.ps1 aus.

5. **Verwenden von PowerShell-Befehlen mit CMD-Variablen:**

   o Beispiel: Ein CMD-Skript, das eine Benutzervariable in einem PowerShell-Befehl verwendet:

```
set Benutzer=MaxMuster

powershell -Command "Write-Host 'Hallo, %Benutzer%'"
```

   ▪ Dieser Befehl übergibt den Wert der CMD-Variable Benutzer an den PowerShell-Befehl.

6. **Erweiterte Aufgaben mit PowerShell aus CMD ausführen:**

   o Beispiel: Einen Netzwerkadapter deaktivieren und dann wieder aktivieren:

```
powershell -Command "Disable-NetAdapter -Name 'Ethernet' -
Confirm:$false; Start-Sleep -Seconds 5; Enable-NetAdapter -Name
'Ethernet' -Confirm:$false"
```

   ▪ Dieser Befehl deaktiviert den Netzwerkadapter Ethernet, wartet 5 Sekunden und aktiviert ihn dann wieder.

Tipp:

- Wenn Sie PowerShell-Befehle mit mehreren Anführungszeichen oder speziellen Zeichen verwenden, kann es hilfreich sein, die Zeichen zu escapen oder doppelte Anführungszeichen zu verwenden, um Syntaxfehler zu vermeiden.

CMD- und PowerShell-Integration in Skripten:

In einem Batch-Skript können Sie PowerShell-Befehle direkt integrieren, um komplexere Aufgaben zu automatisieren:

```
@echo off

echo Starte PowerShell-Befehl...

powershell -Command "Get-Service | Where-Object { $_.Status -eq
'Running' }"

echo PowerShell-Befehl abgeschlossen.

pause
```

- **Erklärung:**

  o Dieser Befehl listet alle laufenden Dienste auf, indem er den PowerShell-Befehl Get-Service verwendet und diesen durch Where-Object filtert.

Zusammenfassung

Die Möglichkeit, PowerShell-Befehle aus der CMD heraus auszuführen, erweitert die Fähigkeiten von Batch-Skripten erheblich. Dies ermöglicht die Nutzung der mächtigen Skript- und Automatisierungsfunktionen von PowerShell in Umgebungen, die primär auf CMD basieren. Ob Sie einfache Befehle ausführen, komplexe Skripte integrieren oder CMD- und PowerShell-Funktionalitäten kombinieren möchten – diese Interoperabilität bietet Ihnen eine flexible und effiziente Möglichkeit, Aufgaben zu automatisieren und zu verwalten. Die Beherrschung dieser Technik eröffnet neue Möglichkeiten in der Systemverwaltung und - automatisierung.

Beispiele und fortgeschrittene Anwendungsfälle

Die Kombination von CMD und PowerShell bietet eine leistungsstarke Umgebung für Systemadministration, Automatisierung und Skripting. Hier sind einige fortgeschrittene Anwendungsfälle und Beispiele, wie Sie PowerShell-Kommandos effektiv in CMD-Skripten verwenden können.

1. Automatisiertes Systemupdate mit Log-Datei

Szenario: Sie möchten ein Batch-Skript erstellen, das ein Windows-Update durchführt, alle Schritte protokolliert und bei Problemen eine Benachrichtigung sendet.

Skript:

```
@echo off

set logfile=C:\Logs\UpdateLog_%date%.txt


echo Starte Windows-Update >> %logfile%

powershell -Command "Install-WindowsUpdate -AcceptAll -
AutoReboot" >> %logfile% 2>&1


if %ERRORLEVEL% NEQ 0 (

    echo Update fehlgeschlagen >> %logfile%

    powershell -Command "Send-MailMessage -To 'admin@example.com'
-From 'server@example.com' -Subject 'Update fehlgeschlagen' -Body
'Das Update auf Server %COMPUTERNAME% ist fehlgeschlagen.' -
SmtpServer 'smtp.example.com'"

) else (

    echo Update erfolgreich abgeschlossen >> %logfile%

)


echo Fertig >> %logfile%
```

Erklärung:

- **Install-WindowsUpdate**: Ein PowerShell-Modul-Befehl, der Windows-Updates installiert. Sie müssen das entsprechende Modul installiert haben.

- **Send-MailMessage**: Sendet eine E-Mail-Benachrichtigung, wenn das Update fehlschlägt.

2. Systemressourcen überwachen und benachrichtigen

Szenario: Sie möchten die CPU-Auslastung und den verfügbaren Speicher überwachen und eine E-Mail-Benachrichtigung senden, wenn die CPU-Auslastung einen bestimmten Schwellenwert überschreitet.

Skript:

```
@echo off

set threshold=80

set logfile=C:\Logs\SystemCheck_%date%.txt


echo Überprüfe Systemressourcen >> %logfile%

powershell -Command "$cpu = Get-WmiObject Win32_Processor |
Measure-Object -Property LoadPercentage -Average | Select-Object
-ExpandProperty Average; $ram = Get-WmiObject
Win32_OperatingSystem | Select-Object -ExpandProperty
FreePhysicalMemory;
[PSCustomObject]@{CPU_Load=$cpu;Free_RAM=$ram}" >> %logfile%


for /f "tokens=1,2 delims=," %%a in ('powershell -Command "$cpu =
Get-WmiObject Win32_Processor | Measure-Object -Property
LoadPercentage -Average | Select-Object -ExpandProperty Average;
Write-Output $cpu"') do (

    if %%a GTR %threshold% (

        echo Hohe CPU-Auslastung festgestellt: %%a%% >> %logfile%

        powershell -Command "Send-MailMessage -To
'admin@example.com' -From 'server@example.com' -Subject 'Hohe
CPU-Auslastung auf %COMPUTERNAME%' -Body 'Die CPU-Auslastung auf
Server %COMPUTERNAME% beträgt %%a%%. Überprüfen Sie den Server.'
-SmtpServer 'smtp.example.com'"

    )

)


echo Systemcheck abgeschlossen >> %logfile%
```

Erklärung:

- **Get-WmiObject Win32_Processor**: Fragt die CPU-Auslastung ab.

- **Get-WmiObject Win32_OperatingSystem**: Fragt den freien Speicher ab.

- **Send-MailMessage**: Sendet eine E-Mail-Benachrichtigung, wenn die CPU-Auslastung über dem festgelegten Schwellenwert liegt.

3. Benutzerdefinierte Berichte erstellen

Szenario: Sie möchten einen Bericht über installierte Software auf einem Server erstellen und diesen Bericht per E-Mail versenden.

Skript:

```
@echo off
set logfile=C:\Logs\InstalledPrograms_%date%.txt


echo Erstelle Liste installierter Programme >> %logfile%
powershell -Command "Get-WmiObject -Class Win32_Product | Select-
Object -Property Name,Version | Format-Table -AutoSize" >>
%logfile%


echo Sende Bericht per E-Mail >> %logfile%
powershell -Command "Send-MailMessage -To 'admin@example.com' -
From 'server@example.com' -Subject 'Installierte Programme auf
%COMPUTERNAME%' -Body 'Der Bericht über die installierten
Programme ist beigefügt.' -Attachments '%logfile%' -SmtpServer
'smtp.example.com'"


echo Bericht gesendet >> %logfile%
```

Erklärung:

- **Get-WmiObject -Class Win32_Product**: Listet alle installierten Programme und ihre Versionen auf.

- **Send-MailMessage**: Sendet den Bericht als E-Mail-Anhang.

4. Automatisierte Systemwiederherstellungspunkt-Erstellung

Szenario: Sie möchten regelmäßig einen Systemwiederherstellungspunkt erstellen, um im Falle eines Fehlers leicht zurückkehren zu können.

Skript:

```
@echo off

set description=Automatischer Wiederherstellungspunkt am %date%
um %time%


echo Erstelle Systemwiederherstellungspunkt >>
C:\Logs\RestorePointLog_%date%.txt

powershell -Command "Checkpoint-Computer -Description
'%description%' -RestorePointType 'MODIFY_SETTINGS'" >>
C:\Logs\RestorePointLog_%date%.txt 2>&1


if %ERRORLEVEL% EQU 0 (

    echo Wiederherstellungspunkt erfolgreich erstellt >>
C:\Logs\RestorePointLog_%date%.txt

) else (

    echo Fehler beim Erstellen des Wiederherstellungspunkts >>
C:\Logs\RestorePointLog_%date%.txt

)


echo Fertig >> C:\Logs\RestorePointLog_%date%.txt
```

Erklärung:

- **Checkpoint-Computer**: Erstellt einen Systemwiederherstellungspunkt.

5. Konfiguration mehrerer Remote-Computer

Szenario: Sie möchten eine Konfigurationsänderung auf mehreren Remote-Computern vornehmen, z.B. das Aktivieren der Remote-Desktop-Funktion.

Skript:

```
@echo off

set computers=Server1 Server2 Server3

set command=Enable-RemoteDesktop


for %%c in (%computers%) do (

    echo Konfiguriere %%c >> C:\Logs\RemoteConfig_%date%.txt

    powershell -Command "Invoke-Command -ComputerName %%c -
ScriptBlock { %command% }" >> C:\Logs\RemoteConfig_%date%.txt
2>&1

    if %ERRORLEVEL% EQU 0 (

        echo %%c erfolgreich konfiguriert >>
C:\Logs\RemoteConfig_%date%.txt

    ) else (

        echo Fehler bei der Konfiguration von %%c >>
C:\Logs\RemoteConfig_%date%.txt

    )

)


echo Konfigurationsänderungen abgeschlossen >>
C:\Logs\RemoteConfig_%date%.txt
```

Erklärung:

- **Invoke-Command**: Führt den PowerShell-Befehl auf einem oder mehreren Remote-Computern aus.

- **Enable-RemoteDesktop**: Dies ist ein Beispielbefehl. Sie müssen den tatsächlichen Befehl oder ein Skript angeben, das Sie auf den Remote-Computern ausführen möchten.

Zusammenfassung

Diese Beispiele zeigen, wie Sie CMD und PowerShell kombinieren können, um komplexe und leistungsstarke Automatisierungsskripte zu erstellen. Durch die Integration von PowerShell in CMD-Skripte können Sie die Stärken beider Umgebungen nutzen, um umfassende Systemverwaltungsaufgaben zu automatisieren, Berichte zu erstellen, Systemressourcen zu überwachen und Konfigurationen auf mehreren Computern gleichzeitig vorzunehmen. Die Kenntnis dieser Techniken eröffnet neue Möglichkeiten in der IT-Automatisierung und -Verwaltung.

11. Fehlersuche und Problemlösung
Häufige Probleme und ihre Lösungen

In der Arbeit mit der CMD und Batch-Skripten können verschiedene Probleme auftreten, die die Funktionalität von Skripten oder Systemprozessen beeinträchtigen. Hier sind einige häufige Probleme, die bei der Verwendung von CMD und Batch-Skripten auftreten können, sowie ihre möglichen Lösungen.

1. Problem: Befehl wurde nicht gefunden

Symptom:

- Beim Ausführen eines Befehls in der CMD erscheint die Fehlermeldung "Befehl wurde nicht gefunden" oder "'Befehl' is

not recognized as an internal or external command, operable
program or batch file.".

Mögliche Ursachen:

- Der Befehl ist entweder nicht im PATH-
  Umgebungsvariablenpfad enthalten oder wurde falsch
  eingegeben.

- Die ausführbare Datei des Befehls ist nicht installiert oder
  befindet sich nicht im erwarteten Verzeichnis.

Lösungen:

- **Überprüfen Sie die Schreibweise des Befehls:** Stellen Sie sicher,
  dass der Befehl korrekt geschrieben wurde.

- **PATH-Variable überprüfen:** Verwenden Sie den Befehl echo
  %PATH%, um sicherzustellen, dass das Verzeichnis, in dem der
  Befehl gespeichert ist, in der PATH-Umgebungsvariablen
  enthalten ist. Wenn nicht, fügen Sie das Verzeichnis zur PATH-
  Variablen hinzu.

```
setx PATH "%PATH%;C:\Pfad\Zum\Verzeichnis"
```

- **Prüfen Sie die Installation:** Stellen Sie sicher, dass die
  ausführbare Datei des Befehls installiert und zugänglich ist.

2. Problem: Zugriff verweigert

Symptom:

- Beim Ausführen eines Befehls oder Skripts erhalten Sie die
  Fehlermeldung "Zugriff verweigert".

Mögliche Ursachen:

- Es fehlt die erforderliche Berechtigung, um den Befehl oder das
  Skript auszuführen.

- Der Befehl erfordert Administratorrechte.

Lösungen:

- **Als Administrator ausführen:** Führen Sie die CMD mit Administratorrechten aus. Klicken Sie dazu mit der rechten Maustaste auf das CMD-Symbol und wählen Sie "Als Administrator ausführen".

- **Berechtigungen überprüfen:** Stellen Sie sicher, dass Ihr Benutzerkonto die erforderlichen Berechtigungen besitzt, um auf die betroffenen Dateien oder Verzeichnisse zuzugreifen.

- **Datei- und Verzeichnisberechtigungen anpassen:** Verwenden Sie den Befehl icacls, um die Berechtigungen für die betroffenen Dateien oder Verzeichnisse anzupassen.

3. Problem: Unendliche Schleifen in Batch-Skripten

Symptom:

- Ein Batch-Skript hängt oder scheint in einer unendlichen Schleife gefangen zu sein, wodurch es nicht abgeschlossen wird.

Mögliche Ursachen:

- Eine Schleifenbedingung im Skript wird nie erfüllt, was zu einer Endlosschleife führt.

- Es fehlt eine Abbruchbedingung oder ein goto-Befehl, um die Schleife zu beenden.

Lösungen:

- **Schleifenbedingung überprüfen:** Stellen Sie sicher, dass die Schleifenbedingung korrekt ist und irgendwann erfüllt wird.

- **Abbruchbedingung hinzufügen:** Fügen Sie eine Bedingung hinzu, die die Schleife beendet, z.B. durch Verwendung eines Zählers oder einer bestimmten Eingabe.

```
set /a count=0

:loop

set /a count+=1

if %count% GTR 10 goto end

echo Schleifeniteration: %count%

goto loop

:end

echo Schleife beendet.
```

4. Problem: Fehlerhafte Pfade oder Dateinamen

Symptom:

- Befehle, die Dateien oder Verzeichnisse verwenden, schlagen fehl, weil der Pfad oder Dateiname nicht korrekt erkannt wird.

Mögliche Ursachen:

- Der Pfad enthält Leerzeichen oder Sonderzeichen, die nicht korrekt behandelt werden.

- Der Pfad oder Dateiname wurde falsch angegeben.

Lösungen:

- **Pfad in Anführungszeichen setzen:** Um sicherzustellen, dass CMD den gesamten Pfad korrekt interpretiert, setzen Sie ihn in doppelte Anführungszeichen.

```
copy "C:\Mein Ordner\Datei.txt" "D:\Ziel Ordner\"
```

- **Pfad auf Korrektheit prüfen:** Überprüfen Sie, ob der Pfad oder Dateiname korrekt ist und die Datei tatsächlich existiert.

5. Problem: Batch-Skript stoppt unerwartet

Symptom:

- Ein Batch-Skript wird mitten in der Ausführung abgebrochen, ohne dass eine Fehlermeldung angezeigt wird.

Mögliche Ursachen:

- Ein Befehl im Skript schlägt fehl, und es wurde keine Fehlerbehandlung implementiert.

- Es gibt ein Problem mit einem exit-Befehl oder einer unerwarteten goto-Anweisung.

Lösungen:

- **Fehlerbehandlung hinzufügen:** Fügen Sie if %ERRORLEVEL% NEQ 0-Bedingungen nach kritischen Befehlen hinzu, um Fehler zu erkennen und zu behandeln.

- **Skript durchlaufen und echo verwenden:** Verwenden Sie echo-Befehle, um den Fortschritt des Skripts zu verfolgen und herauszufinden, wo es gestoppt wird.

```
@echo on
echo Starte Skript...
copy "C:\Datei.txt" "D:\Backup\"
if %ERRORLEVEL% NEQ 0 echo Fehler beim Kopieren.
echo Skript abgeschlossen.
```

6. Problem: Ungültige Syntax oder unerwartete Ergebnisse

Symptom:

- Ein Batch-Skript liefert unerwartete Ergebnisse oder funktioniert nicht wie vorgesehen, möglicherweise aufgrund einer falschen Syntax oder Logik.

Mögliche Ursachen:

- Ein Syntaxfehler im Skript verursacht ein unerwartetes Verhalten.

- Eine Variable wird nicht korrekt aufgelöst oder verwendet.

Lösungen:

- **Skript schrittweise durchgehen:** Verwenden Sie pause oder echo, um das Skript schrittweise zu durchlaufen und die Ausgabe zu überprüfen.

- **Variablenaufbereitung prüfen:** Stellen Sie sicher, dass alle Variablen korrekt verwendet werden und keine Syntaxfehler enthalten sind.

```
set name=Max

echo Hallo, %name%
```

- **Bedingungen überprüfen:** Überprüfen Sie die Logik der if-Bedingungen und Schleifen, um sicherzustellen, dass sie die richtigen Entscheidungen treffen.

7. Problem: Netzwerklaufwerke sind nicht verfügbar

Symptom:

- Ein Batch-Skript kann nicht auf Netzwerklaufwerke zugreifen, obwohl diese im Windows Explorer sichtbar sind.

Mögliche Ursachen:

- Das Skript wird als Administrator ausgeführt, während das Netzlaufwerk in der Benutzersitzung verbunden ist und nicht in der Administratorumgebung.

- Die Netzlaufwerke wurden nicht korrekt verbunden oder sind nicht mehr verfügbar.

Lösungen:

- **Netzlaufwerk im Skript neu verbinden:**

```
net use Z: \\Server\Freigabe /user:Benutzername Passwort
```

- **Skript ohne Administratorrechte ausführen:** Wenn das Skript Zugriff auf die Netzlaufwerke des aktuellen Benutzers benötigt, führen Sie es ohne Administratorrechte aus.

- **Netzlaufwerk über die Registry bereitstellen:** Sie können sicherstellen, dass Netzlaufwerke sowohl in Benutzer- als auch in Administratorsitzungen verfügbar sind, indem Sie sie über die Registry hinzufügen.

Zusammenfassung:

Die oben beschriebenen Probleme und ihre Lösungen decken einige der häufigsten Herausforderungen ab, die bei der Arbeit mit CMD und Batch-Skripten auftreten können. Ein systematischer Ansatz zur Fehlersuche, der auf die Überprüfung von Pfaden, Berechtigungen, Variablen und Schleifenbedingungen setzt, hilft dabei, viele dieser Probleme zu identifizieren und zu beheben. Durch das Hinzufügen von Fehlerbehandlungsmechanismen und Debugging-Techniken können Sie die Zuverlässigkeit Ihrer Skripte verbessern und eine reibungslose Ausführung sicherstellen.

Fehlerprotokollierung und -analyse

Die Protokollierung von Fehlern und die Analyse von Ereignisprotokollen sind entscheidend für die Diagnose und Lösung von Problemen in Windows. Die Tools eventvwr (Ereignisanzeige) und logman bieten leistungsstarke Möglichkeiten, um Ereignisse zu überwachen, zu analysieren und Protokolle zu erstellen. Diese Tools sind besonders nützlich, um systembezogene Probleme, Anwendungsfehler und Sicherheitsvorfälle zu untersuchen.

1. eventvwr - Ereignisprotokolle anzeigen und analysieren

Der Befehl eventvwr startet die Ereignisanzeige, ein grafisches Tool, das detaillierte Protokolle über Systemereignisse, Anwendungen und

Sicherheitsvorfälle anzeigt. Diese Ereignisse sind nach Kategorien wie System, Anwendung und Sicherheit gegliedert und enthalten wichtige Informationen, die zur Diagnose von Problemen verwendet werden können.

Verwendung:

- **Ereignisanzeige starten:**

  - Um die Ereignisanzeige zu öffnen, geben Sie in der CMD ein:

```
eventvwr
```

  - Dieser Befehl öffnet die Ereignisanzeige, in der Sie verschiedene Protokolle durchsuchen und analysieren können.

- **Häufige Protokolltypen:**

  - **Anwendung:** Enthält Ereignisse, die von installierten Anwendungen protokolliert werden.

  - **Sicherheit:** Enthält sicherheitsrelevante Ereignisse, z.B. Anmeldeversuche.

  - **System:** Enthält Ereignisse, die vom Betriebssystem protokolliert werden, z.B. Systemfehler oder Warnungen.

- **Ereignisse nach Kategorien durchsuchen:**

  - In der Ereignisanzeige können Sie spezifische Kategorien wie „System" oder „Anwendung" auswählen, um relevante Ereignisse anzuzeigen.

  - Durch Doppelklick auf ein Ereignis erhalten Sie detaillierte Informationen, einschließlich einer Beschreibung des Ereignisses, der Quelle und des Zeitpunkts des Auftretens.

- **Filtern und Exportieren von Ereignissen:**

- Sie können Ereignisse nach verschiedenen Kriterien filtern, z.B. nach Ereignis-ID, Quelle oder Datum.

- Gefilterte Ereignisse können dann exportiert werden, um sie weiter zu analysieren oder für die Dokumentation zu verwenden.

Beispiel:

- **Ereignisprotokoll exportieren:**

  - Um ein Ereignisprotokoll für eine spätere Analyse zu exportieren:

    1. Wählen Sie das gewünschte Protokoll in der Ereignisanzeige aus (z.B. „System").

    2. Klicken Sie mit der rechten Maustaste und wählen Sie „Protokoll speichern unter...".

    3. Speichern Sie das Protokoll als .evtx oder .txt Datei.

Tipp:

- Die Ereignisanzeige ist besonders nützlich, um die Ursache für Systemabstürze, Anwendungsfehler oder Sicherheitsprobleme zu ermitteln.

2. logman - Leistungsüberwachung und Protokollierung

Der Befehl logman ist ein leistungsfähiges Werkzeug zur Verwaltung und Überwachung von Leistungsindikatoren und Ereignisprotokollen. Mit logman können Sie Protokollierungssitzungen erstellen, konfigurieren und ausführen, um Leistungsdaten und Ereignisse systematisch zu überwachen.

Verwendung:

- **Leistungsprotokoll erstellen:**

- o Um ein neues Leistungsprotokoll zu erstellen, das bestimmte Systemmetriken überwacht:

```
logman create counter MyPerfLog -c "\Processor(_Total)\%
Processor Time" -f csv -o "C:\Logs\MyPerfLog.csv"
```

- **Erklärung:**

  - **create counter**: Erstellt ein Leistungsindikator-Protokoll.

  - **-c "\Processor(_Total)\% Processor Time"**: Überwacht die Prozessorzeit als Leistungsindikator.

  - **-f csv**: Speichert die Ausgabe im CSV-Format.

  - **-o "C:\Logs\MyPerfLog.csv"**: Gibt den Speicherort der Protokolldatei an.

- **Protokoll starten:**

  - o Um das erstellte Protokoll zu starten:

```
logman start MyPerfLog
```

- **Protokoll stoppen:**

  - o Um das Protokoll zu stoppen:

```
logman stop MyPerfLog
```

- **Liste aller vorhandenen Protokolle anzeigen:**

  - o Um eine Liste aller vorhandenen Protokolle anzuzeigen:

```
logman query
```

- **Ereignisprotokoll erstellen:**

  - o Um ein Ereignisprotokoll für spezifische Ereignisse zu erstellen:

```
logman create trace MyTraceLog -p "Microsoft-Windows-Kernel-
EventTracing" -o "C:\Logs\MyTraceLog.etl"
```

- **Erklärung:**

  - **create trace**: Erstellt ein
    Ereignisprotokoll (Trace-Protokoll).

  - **-p "Microsoft-Windows-Kernel-
    EventTracing"**: Überwacht das Kernel-
    EventTracing.

  - **-o "C:\Logs\MyTraceLog.etl"**: Gibt den
    Speicherort der Protokolldatei an.

- **Protokolle löschen:**

  o Um ein nicht mehr benötigtes Protokoll zu löschen:

```
logman delete MyPerfLog
```

Beispiel:

- **CPU-Leistungsprotokoll erstellen und überwachen:**

  o Um die CPU-Leistung kontinuierlich zu überwachen und
  die Daten in einer CSV-Datei zu speichern:

```
logman create counter CPU_Usage_Log -c "\Processor(_Total)\%
Processor Time" -f csv -o "C:\Logs\CPU_Usage.csv"

logman start CPU_Usage_Log
```

Tipp:

- logman ist besonders nützlich für langfristige
  Überwachungsprojekte, bei denen detaillierte Leistungs- und
  Ereignisdaten gesammelt und analysiert werden müssen.

Zusammenfassung

Die Tools eventvwr und logman sind unverzichtbar für die
Protokollierung und Analyse von Ereignissen und Systemleistung in
Windows. Mit eventvwr können Sie Ereignisprotokolle anzeigen, filtern

und exportieren, um spezifische System- und Sicherheitsprobleme zu identifizieren. logman ermöglicht die Erstellung und Verwaltung von Leistungsprotokollen und Ereignissitzungen, die zur Überwachung und Diagnose von Systemressourcen und Ereignissen verwendet werden können. Durch die systematische Analyse dieser Protokolle können Administratoren Probleme identifizieren, die Leistung optimieren und die Sicherheit des Systems gewährleisten.

Praktische Beispiele zur Fehlerbehebung

Die praktische Anwendung von Fehlerbehebungstechniken erfordert eine systematische Vorgehensweise und das richtige Werkzeug, um Probleme effizient zu identifizieren und zu lösen. Im Folgenden finden Sie einige praktische Beispiele zur Fehlerbehebung in Windows, die häufige Szenarien abdecken.

Beispiel 1: Behebung von Startproblemen nach einem Windows-Update

Problem:

- Nach der Installation eines Windows-Updates startet das System nicht mehr ordnungsgemäß oder bleibt in einem Bootloop hängen.

Lösungsschritte:

1. **Systemstart im abgesicherten Modus:**

   o Starten Sie das System im abgesicherten Modus, um grundlegende Diagnosen durchzuführen und mögliche Probleme mit kürzlich installierten Treibern oder Updates zu umgehen.

o   Drücken Sie während des Startvorgangs wiederholt die F8-Taste (bei neueren Systemen über die erweiterten Startoptionen erreichbar).

2. **Verwenden der Systemwiederherstellung:**

o   Wenn Sie im abgesicherten Modus starten können, verwenden Sie die Systemwiederherstellung, um das System auf einen früheren Zustand vor dem Update zurückzusetzen.

o   Befehl zum Starten der Systemwiederherstellung:

```
rstrui.exe
```

3. **Problembehebung mit DISM und sfc:**

o   Verwenden Sie DISM und sfc, um beschädigte Systemdateien zu reparieren.

```
DISM /Online /Cleanup-Image /RestoreHealth
sfc /scannow
```

4. **Updates deinstallieren:**

o   Wenn das Problem weiterhin besteht, können Sie versuchen, das problematische Update über die CMD zu deinstallieren:

```
wmic qfe list brief /format:table
wusa /uninstall /kb:UpdateNummer
```

o   **Erklärung:**

- **wmic qfe list brief /format:table**: Zeigt eine Liste der installierten Updates an.

- **wusa /uninstall /kb:UpdateNummer**: Deinstalliert das spezifische Update.

Beispiel 2: Netzwerkprobleme und Verbindungsausfälle beheben

Problem:

- Ein Benutzer kann keine Verbindung zum Netzwerk herstellen, obwohl das Netzwerkkabel eingesteckt ist und andere Geräte im Netzwerk ordnungsgemäß funktionieren.

Lösungsschritte:

1. **Überprüfen der IP-Konfiguration:**

   o Überprüfen Sie die aktuelle IP-Konfiguration des Computers, um sicherzustellen, dass eine gültige IP-Adresse zugewiesen wurde.

```
ipconfig /all
```

   o Suchen Sie nach einer gültigen IP-Adresse, Standardgateway und DNS-Server. Bei einer APIPA-Adresse (169.254.x.x) liegt möglicherweise ein Problem mit dem DHCP-Server vor.

2. **Freigeben und Erneuern der IP-Adresse:**

   o Setzen Sie die IP-Konfiguration zurück, indem Sie die IP-Adresse freigeben und eine neue anfordern:

```
ipconfig /release
ipconfig /renew
```

3. **DNS-Cache leeren:**

   o Wenn der DNS-Server nicht erreichbar ist oder fehlerhafte Einträge aufweist, leeren Sie den DNS-Cache:

```
ipconfig /flushdns
```

4. **Netzwerkadapter zurücksetzen:**

   o Wenn das Problem weiterhin besteht, setzen Sie den Netzwerkadapter zurück:

```
netsh int ip reset
netsh winsock reset
```

5. **Verbindung testen:**

   o   Verwenden Sie ping, um die Verbindung zu wichtigen
       Netzwerkressourcen zu testen:

```
ping 8.8.8.8 (Google DNS)
ping www.example.com
```

6. **Problematische Treiber identifizieren:**

   o   Überprüfen Sie den Geräte-Manager auf Probleme mit
       den Netzwerkadaptern und aktualisieren Sie die Treiber
       bei Bedarf.

Beispiel 3: Behebung von Druckerproblemen

Problem:

- Ein Netzwerkdrucker druckt nicht, obwohl er im Netzwerk
  erkannt wird und die Druckwarteschlange gefüllt ist.

Lösungsschritte:

1. **Druckwarteschlange überprüfen:**

   o   Überprüfen Sie die Druckwarteschlange auf blockierte
       oder fehlerhafte Druckaufträge:

```
net stop spooler
del /Q /F /S "%systemroot%\System32\spool\PRINTERS\*.*"
net start spooler
```

   o   **Erklärung:**

       ▪   **net stop spooler**: Stoppt den
           Druckspoolerdienst.

189

- **del /Q /F /S
"%systemroot%\System32\spool\PRINTERS*.
*"**: Löscht alle Druckaufträge.

- **net start spooler**: Startet den
Druckspoolerdienst neu.

2. **Druckertreiber überprüfen und aktualisieren:**

   o Überprüfen Sie, ob der richtige Treiber installiert ist,
   und aktualisieren Sie ihn gegebenenfalls über den
   Geräte-Manager oder die Druckerverwaltung.

3. **Netzwerkverbindung testen:**

   o Testen Sie die Verbindung zum Drucker mit einem
   einfachen Ping:

```
ping Drucker-IP-Adresse
```

   o Wenn der Drucker nicht antwortet, überprüfen Sie die
   Netzwerkeinstellungen des Druckers.

4. **Drucker entfernen und neu hinzufügen:**

   o Entfernen Sie den Drucker aus der Druckerverwaltung
   und fügen Sie ihn erneut hinzu:

```
rundll32 printui.dll,PrintUIEntry /dl /n "Druckername"

rundll32 printui.dll,PrintUIEntry /if /b "Druckername" /f
"Pfad_zum_Treiber" /r "Portname" /m "Modellname"
```

5. **Prüfen Sie die Druckerfreigabe:**

   o Überprüfen Sie die Druckerfreigabeeinstellungen,
   insbesondere, wenn der Drucker über einen anderen
   Computer im Netzwerk freigegeben wird.

Beispiel 4: Behebung von Speicherplatzproblemen

Problem:

- Der Festplattenspeicher auf dem Systemlaufwerk (C:) wird knapp, und das System verlangsamt sich oder funktioniert nicht richtig.

Lösungsschritte:

1. **Speicherplatzanalyse durchführen:**

   o Überprüfen Sie, welche Dateien und Verzeichnisse den meisten Speicherplatz belegen:

```
dir C:\ /S /O:-S /P
```

   o Verwenden Sie Tools wie tree oder du (wenn installiert), um eine detaillierte Analyse des Speicherplatzverbrauchs durchzuführen.

2. **Temporäre Dateien löschen:**

   o Bereinigen Sie temporäre Dateien, die möglicherweise großen Speicherplatz beanspruchen:

```
del /s /q /f %temp%\*
del /s /q /f C:\Windows\Temp\*
```

   o Verwenden Sie die Datenträgerbereinigung:

```
cleanmgr /sagerun:1
```

3. **Systemwiederherstellungspunkte verwalten:**

   o Reduzieren Sie den Speicherplatz, der für Systemwiederherstellungspunkte verwendet wird:

```
vssadmin list shadowstorage
vssadmin resize shadowstorage /for=C: /on=C: /maxsize=10GB
```

4. **Unnötige Programme deinstallieren:**

   o Überprüfen Sie installierte Programme und deinstallieren Sie unnötige Software über appwiz.cpl.

5. Alte Windows-Installationen entfernen:

- o Wenn eine ältere Windows-Installation nach einem Upgrade noch vorhanden ist, können Sie diese entfernen:

```
Dism.exe /Online /Cleanup-Image /StartComponentCleanup /ResetBase
```

Beispiel 5: Fehlerhafte Systemdienste reparieren

Problem:

- Ein Systemdienst funktioniert nicht richtig, startet nicht oder beendet sich unerwartet.

Lösungsschritte:

1. Dienste überprüfen:

- o Überprüfen Sie den Status des Dienstes und starten Sie ihn gegebenenfalls neu:

```
net start "Dienstname"
sc query "Dienstname"
```

2. Dienstprotokolle analysieren:

- o Überprüfen Sie die Ereignisanzeige auf Protokolleinträge, die mit dem fehlerhaften Dienst zusammenhängen:

```
eventvwr
```

3. Dienstkonfiguration zurücksetzen:

- o Setzen Sie die Konfiguration des Dienstes zurück oder konfigurieren Sie ihn neu:

```
sc config "Dienstname" start= auto
sc config "Dienstname" start= demand
```

4. Dienst wiederherstellen:

- o Wenn der Dienst beschädigt ist, verwenden Sie DISM und sfc, um die Systemdateien zu reparieren, die möglicherweise betroffen sind:

```
sfc /scannow

DISM /Online /Cleanup-Image /RestoreHealth
```

5. **Abhängigkeiten überprüfen:**

- o Überprüfen Sie die Abhängigkeiten des Dienstes und stellen Sie sicher, dass alle benötigten Dienste ebenfalls laufen:

```
sc qc "Dienstname"
```

Zusammenfassung

Diese praktischen Beispiele zeigen, wie eine systematische Fehlersuche und Problemlösung in einer Vielzahl von Szenarien durchgeführt werden kann, die von Netzwerkproblemen über Druckerprobleme bis hin zu Problemen mit Systemdiensten reichen. Mit den richtigen Tools und Befehlen können Sie viele gängige Windows-Probleme schnell diagnostizieren und beheben, wodurch die Systemstabilität und -leistung verbessert wird. Ein methodischer Ansatz zur Fehlersuche stellt sicher, dass Probleme effizient identifiziert und gelöst werden.

12. CMD für fortgeschrittene Benutzer

Automatisierung von Aufgaben

Die CMD bietet umfangreiche Möglichkeiten zur Automatisierung von Aufgaben, insbesondere durch die kombinierte Nutzung von Befehlen und Skripten. Fortgeschrittene Benutzer können komplexe

Arbeitsabläufe erstellen, die mehrere Befehle, Schleifen und Bedingungen kombinieren, um repetitive Aufgaben zu vereinfachen und zu automatisieren.

Kombinierte Nutzung von Befehlen und Skripten

Durch die geschickte Kombination von Befehlen und die Nutzung von Batch-Skripten können Sie eine Vielzahl von Systemaufgaben automatisieren. Im Folgenden finden Sie einige fortgeschrittene Beispiele, die zeigen, wie Befehle und Skripte gemeinsam eingesetzt werden können.

Beispiel 1: Automatisierte Datensicherung mit dynamischen Verzeichnisnamen

Szenario: Sie möchten regelmäßig eine Sicherung eines Verzeichnisses erstellen, wobei jede Sicherung in einem neuen Verzeichnis mit einem dynamisch generierten Namen abgelegt wird, der das aktuelle Datum und die Uhrzeit enthält.

Skript:

```
@echo off

set source=C:\Daten

set backupDir=D:\Backup\%date:~-
4%_%date:~3,2%_%date:~0,2%_%time:~0,2%%time:~3,2%%time:~6,2%


echo Sicherung wird erstellt in %backupDir%

mkdir "%backupDir%"

xcopy /E /I /H /Y "%source%" "%backupDir%"


if %ERRORLEVEL% EQU 0 (

    echo Sicherung erfolgreich abgeschlossen.

) else (

    echo Fehler bei der Sicherung.
```

```
)

echo Fertig.

pause
```

Erklärung:

- **Dynamischer Verzeichnisname:** Der Name des Sicherungsverzeichnisses basiert auf dem aktuellen Datum und der Uhrzeit. "%date:~-4%_%date:~3,2%_%date:~0,2%" gibt das Datum im Format YYYY_MM_DD und "%time:~0,2%%time:~3,2%%time:~6,2%" die Uhrzeit im Format HHMMSS an.

- **xcopy:** Kopiert das gesamte Verzeichnis und alle Unterverzeichnisse in das Sicherungsverzeichnis.

Beispiel 2: Automatisiertes Log-Management

Szenario: Sie möchten täglich Protokolldateien sammeln, die älter als sieben Tage sind, diese komprimieren und an einen Archivspeicherort verschieben.

Skript:

```
@echo off

set logDir=C:\Logs

set archiveDir=D:\Archiv\Logs\%date:~-4%_%date:~3,2%_%date:~0,2%


echo Archivieren von Protokolldateien älter als 7 Tage...

forfiles /p "%logDir%" /s /m *.log /d -7 /c "cmd /c move @file
%archiveDir%"


if %ERRORLEVEL% EQU 0 (

    echo Protokolldateien verschoben.
```

```
    echo Erstelle Archiv...

    powershell -Command "Compress-Archive -Path
'%archiveDir%\*.log' -DestinationPath '%archiveDir%\Logs_%date:~-
4%_%date:~3,2%_%date:~0,2%.zip'"

    del /Q "%archiveDir%\*.log"
) else (

    echo Fehler beim Verschieben der Protokolldateien.

)


echo Archivierung abgeschlossen.
pause
```

Erklärung:

- **forfiles:** Sucht nach Protokolldateien im Verzeichnis C:\Logs, die
  älter als sieben Tage sind, und verschiebt sie in das
  Archivverzeichnis.

- **Compress-Archive:** PowerShell-Befehl zum Komprimieren der
  verschobenen Protokolldateien in eine ZIP-Datei.

- **del:** Löscht die Originalprotokolldateien nach der
  Komprimierung.

Beispiel 3: Automatisierte Netzwerk- und Systemüberprüfung

Szenario: Sie möchten ein tägliches Skript erstellen, das den
Netzwerkstatus, die Systemressourcen und wichtige Dienste überprüft
und die Ergebnisse protokolliert.

Skript:

```
@echo off

set logFile=C:\Logs\SystemCheck_%date:~-
4%_%date:~3,2%_%date:~0,2%.txt
```

```
echo Überprüfe Netzwerkverbindungen... >> %logFile%

ping www.google.com -n 4 >> %logFile%

if %ERRORLEVEL% NEQ 0 echo Netzwerkverbindung fehlgeschlagen >>
%logFile%


echo Überprüfe CPU-Auslastung... >> %logFile%

powershell -Command "Get-WmiObject win32_processor | Measure-
Object -Property LoadPercentage -Average | Select-Object -
ExpandProperty Average" >> %logFile%


echo Überprüfe Speicherverfügbarkeit... >> %logFile%

powershell -Command "Get-WmiObject win32_operatingsystem |
Select-Object -ExpandProperty FreePhysicalMemory" >> %logFile%


echo Überprüfe Systemdienste... >> %logFile%

for %%s in ("Spooler" "wuauserv" "BITS") do (

    sc query %%s | find "RUNNING" >> %logFile%

    if %ERRORLEVEL% NEQ 0 echo Dienst %%s läuft nicht >>
%logFile%

)


echo Systemüberprüfung abgeschlossen >> %logFile%

pause
```

Erklärung:

- **ping:** Überprüft die Netzwerkverbindung zu www.google.com
  und protokolliert die Ergebnisse.

- **Get-WmiObject:** PowerShell-Befehl zur Überprüfung der CPU-
  Auslastung und des freien Speichers.

- **sc query:** Überprüft den Status der wichtigsten Dienste (z.B. Druckwarteschlange, Windows Update, BITS) und protokolliert, ob sie laufen.

Beispiel 4: Automatisierte Bereitstellung von Software

Szenario: Sie möchten eine Software automatisch auf mehreren Computern im Netzwerk bereitstellen und sicherstellen, dass die Installation erfolgreich ist.

Skript:

```
@echo off

set softwarePath=\\Server\Install\Software.msi

set computers=Computer1 Computer2 Computer3


for %%c in (%computers%) do (
    echo Installiere Software auf %%c... >>
C:\Logs\InstallLog_%date:~-4%_%date:~3,2%_%date:~0,2%.txt

    psexec \\%%c msiexec /i "%softwarePath%" /quiet /norestart

    if %ERRORLEVEL% EQU 0 (
        echo Installation erfolgreich auf %%c >>
C:\Logs\InstallLog_%date:~-4%_%date:~3,2%_%date:~0,2%.txt

    ) else (
        echo Fehler bei der Installation auf %%c >>
C:\Logs\InstallLog_%date:~-4%_%date:~3,2%_%date:~0,2%.txt

    )
)


echo Softwareinstallation abgeschlossen.
pause
```

Erklärung:

- **psexec:** Tool aus der Sysinternals Suite, um Befehle auf entfernten Computern auszuführen. Hier wird es verwendet, um die Software auf mehreren Computern im Netzwerk zu installieren.

- **msiexec /i:** Befehl zum Installieren der MSI-Paketdatei im Hintergrund ohne Benutzerinteraktion.

Beispiel 5: Kombinierte Aufgabenplanung und Skriptausführung

Szenario: Sie möchten ein Skript täglich um 2:00 Uhr morgens ausführen lassen, um Systemwartungsaufgaben zu automatisieren.

Skript:

```
@echo off

echo Erstelle geplante Aufgabe für tägliche Wartung...

schtasks /create /tn "TäglicheWartung" /tr
"C:\Scripts\Wartung.bat" /sc daily /st 02:00 /ru SYSTEM


if %ERRORLEVEL% EQU 0 (

    echo Geplante Aufgabe erfolgreich erstellt.

) else (

    echo Fehler beim Erstellen der geplanten Aufgabe.

)


echo Taskplanung abgeschlossen.

pause
```

Erklärung:

- **schtasks /create:** Erstellt eine geplante Aufgabe, die das Wartungsskript Wartung.bat täglich um 2:00 Uhr ausführt.

- **/ru SYSTEM:** Gibt an, dass die Aufgabe unter dem SYSTEM-Konto ausgeführt werden soll.

Zusammenfassung

Die Kombination von Befehlen und Skripten in CMD ermöglicht fortgeschrittenen Benutzern die Automatisierung komplexer Aufgaben. Diese Beispiele zeigen, wie Sie Routinearbeiten automatisieren, Daten sichern, Netzwerke überwachen und Software bereitstellen können, indem Sie die Flexibilität von CMD und die Leistungsfähigkeit von PowerShell nutzen. Die systematische Anwendung dieser Techniken kann Ihre Arbeitsabläufe erheblich optimieren und die Effizienz steigern.

Sicherheitsrelevante Befehle

Sicherheit ist ein zentraler Aspekt der Systemadministration, insbesondere wenn es um den Schutz sensibler Daten geht. In der CMD gibt es verschiedene Befehle, die es Ihnen ermöglichen, Daten zu verschlüsseln und die Sicherheit Ihres Systems zu erhöhen. Zwei wichtige Befehle in diesem Zusammenhang sind cipher und manage-bde (BitLocker).

1. cipher - Verschlüsselung und sichere Datenlöschung

Der cipher-Befehl ist ein leistungsstarkes Tool, das in der Windows-Eingabeaufforderung verwendet wird, um Dateien und Ordner mit dem Encrypting File System (EFS) zu verschlüsseln. Darüber hinaus kann cipher auch verwendet werden, um gelöschte Daten auf einem Datenträger sicher zu überschreiben, sodass sie nicht wiederhergestellt werden können.

Verwendung:

- **Verschlüsseln von Dateien und Ordnern:**

o Um einen Ordner und dessen Inhalte zu verschlüsseln:

```
cipher /e /s:C:\Pfad\Zu\Ordner
```

- **Erklärung:**

  - **/e**: Verschlüsselt den angegebenen Ordner oder die Datei.

  - **/s:**: Verschlüsselt alle Unterverzeichnisse.

- **Entschlüsseln von Dateien und Ordnern:**

  o Um einen verschlüsselten Ordner und dessen Inhalte zu entschlüsseln:

```
cipher /d /s:C:\Pfad\Zu\Ordner
```

- **Erklärung:**

  - **/d**: Entschlüsselt den angegebenen Ordner oder die Datei.

- **Anzeigen der Verschlüsselungseinstellungen:**

  o Um die Verschlüsselungseinstellungen eines Ordners oder einer Datei anzuzeigen:

```
cipher /c /s:C:\Pfad\Zu\Ordner
```

- **Erklärung:**

  - **/c**: Zeigt den Verschlüsselungsstatus der Dateien an.

- **Sicheres Löschen von Daten (Daten überschreiben):**

  o Um freien Speicherplatz sicher zu löschen, indem dieser überschrieben wird, sodass gelöschte Dateien nicht wiederhergestellt werden können:

```
cipher /w:C:\Pfad\Zu\Ordner
```

- **Erklärung:**

  - **/w::** Überschreibt den freien Speicherplatz im angegebenen Verzeichnis, ohne vorhandene Dateien zu beeinträchtigen.

Beispiel:

- **Sicheres Löschen von Daten nach dem Entfernen von vertraulichen Dateien:**

  - Angenommen, Sie haben vertrauliche Dateien gelöscht und möchten sicherstellen, dass diese nicht wiederhergestellt werden können:

```
cipher /w:C:\
```

2. manage-bde (BitLocker) - Festplattenverschlüsselung und Verwaltung

BitLocker ist ein vollständiges Festplattenverschlüsselungstool, das in Windows integriert ist. Mit manage-bde, dem Befehlszeilenwerkzeug für BitLocker, können Sie Laufwerke verschlüsseln, entsperren und die BitLocker-Einstellungen verwalten. Dies bietet eine zusätzliche Sicherheitsebene, insbesondere bei Laptops und mobilen Geräten, um sicherzustellen, dass sensible Daten geschützt bleiben.

Verwendung:

- **Verschlüsseln eines Laufwerks mit BitLocker:**

  - Um BitLocker auf einem Laufwerk zu aktivieren:

```
manage-bde -on C: -RecoveryPassword -RecoveryKey F:\
```

  - **Erklärung:**

    - **-on C::** Aktiviert BitLocker auf Laufwerk C:.

- **-RecoveryPassword**: Generiert ein Wiederherstellungspasswort.

- **-RecoveryKey F:**: Speichert den Wiederherstellungsschlüssel auf Laufwerk F:.

- **Entsperren eines verschlüsselten Laufwerks:**

  o Um ein verschlüsseltes Laufwerk zu entsperren:

```
manage-bde -unlock E: -RecoveryPassword
IhrWiederherstellungspasswort
```

- **Erklärung:**

  - **-unlock E:**: Entsperrt das verschlüsselte Laufwerk E:.

  - **-RecoveryPassword IhrWiederherstellungspasswort**: Verwendet das Wiederherstellungspasswort, um das Laufwerk zu entsperren.

- **BitLocker-Status überprüfen:**

  o Um den aktuellen Status von BitLocker auf einem Laufwerk zu überprüfen:

```
manage-bde -status C:
```

- **Erklärung:**

  - **-status C:**: Zeigt den BitLocker-Status des Laufwerks C: an, einschließlich Verschlüsselungsstatus, Schutzstatus und weiteren Informationen.

- **BitLocker deaktivieren:**

- o Um BitLocker auf einem Laufwerk zu deaktivieren und die Verschlüsselung aufzuheben:

```
manage-bde -off C:
```

- ▪ **Erklärung:**
  - ▪ **-off C:**: Deaktiviert BitLocker und entschlüsselt das Laufwerk C:.

- **Wiederherstellungsschlüssel sichern:**
  - o Um den Wiederherstellungsschlüssel eines verschlüsselten Laufwerks zu sichern:

```
manage-bde -protectors -add C: -RecoveryKey F:\
```

- ▪ **Erklärung:**
  - ▪ **-protectors -add C:**: Fügt einen neuen Wiederherstellungsschlüssel für Laufwerk C: hinzu.
  - ▪ **-RecoveryKey F:**: Speichert den Wiederherstellungsschlüssel auf Laufwerk F:.

Beispiel:

- **Verschlüsseln eines USB-Sticks mit BitLocker und Speichern des Wiederherstellungsschlüssels:**
  - o Angenommen, Sie möchten einen USB-Stick (Laufwerk D:) verschlüsseln und den Wiederherstellungsschlüssel auf Laufwerk C: speichern:

```
manage-bde -on D: -RecoveryKey C:\BitLockerKey\
```

Zusammenfassung:

Die Befehle cipher und manage-bde sind essentielle Werkzeuge für die Verschlüsselung und Sicherheit in Windows. Mit cipher können Sie Dateien und Ordner verschlüsseln sowie sicherstellen, dass gelöschte Daten nicht wiederhergestellt werden können. manage-bde bietet umfassende Funktionen zur Verwaltung von BitLocker, einer vollständigen Festplattenverschlüsselung, die für den Schutz sensibler Daten auf Laufwerken unerlässlich ist. Diese Befehle ermöglichen es Ihnen, die Sicherheit Ihrer Daten erheblich zu erhöhen und sich gegen unbefugten Zugriff zu schützen.

Optimierung von Systemprozessen

Die Optimierung von Systemprozessen in Windows kann die Leistung erheblich verbessern, insbesondere bei Aufgaben wie der Verwaltung von Ressourcen, der Priorisierung von Prozessen und der Automatisierung wiederkehrender Wartungsaufgaben. Die CMD bietet eine Reihe von Befehlen, die speziell für die Optimierung von Systemprozessen entwickelt wurden. Hier sind einige wichtige Techniken und Befehle, die fortgeschrittene Benutzer zur Systemoptimierung einsetzen können.

1. Priorisierung von Prozessen

Die Priorisierung von Prozessen ermöglicht es Ihnen, wichtigen Anwendungen mehr Systemressourcen zuzuweisen, um ihre Leistung zu verbessern, oder unwichtige Prozesse zu verlangsamen, um Ressourcen für andere Aufgaben freizugeben.

- **start-Befehl mit Priorität:**
  - o Der start-Befehl in CMD ermöglicht es Ihnen, einen Prozess mit einer bestimmten Priorität zu starten.

o   Beispiel: Eine Anwendung mit hoher Priorität starten:

```
start /high notepad.exe
```

- **Erklärung:**

  - **/high**: Startet den Prozess mit hoher Priorität.

- **wmic zur Prozesspriorisierung verwenden:**

  o   Sie können auch laufende Prozesse priorisieren, indem Sie wmic verwenden.

  o   Beispiel: Die Priorität eines laufenden Prozesses ändern:

```
wmic process where name="notepad.exe" call setpriority "high
priority"
```

- **Erklärung:**

  - **setpriority "high priority"**: Ändert die Priorität des Prozesses notepad.exe auf hoch.

2. Automatisierung von Aufgaben für die Systemwartung

Automatisierte Wartungsaufgaben können die Systemleistung optimieren, indem sie regelmäßige Reinigungs- und Defragmentierungsaufgaben ausführen.

- **Datenträgerbereinigung automatisieren:**

  o   Sie können die Windows-Datenträgerbereinigung automatisieren, um regelmäßig unnötige Dateien zu entfernen.

  o   Beispiel: Datenträgerbereinigung für Laufwerk C:

```
cleanmgr /sagerun:1
```

- **Erklärung:**

- **/sagerun:1**: Führt die Bereinigung mit den vordefinierten Einstellungen für den Job 1 aus. Diese Einstellungen können vorher mit /sageset konfiguriert werden.

- **Automatische Defragmentierung von Festplatten:**

  o Die Defragmentierung der Festplatte kann die Leistung verbessern, indem sie zusammenhängende Datenblöcke neu ordnet.

  o Beispiel: Defragmentierung des Laufwerks C:

```
defrag C: /H /U /V
```

- **Erklärung:**

  - **/H**: Führt die Defragmentierung mit hoher Priorität aus.

  - **/U**: Zeigt den Fortschritt während der Ausführung an.

  - **/V**: Gibt eine ausführliche Ausgabe der Defragmentierung.

3. Ressourcenverwaltung und Überwachung

Die Verwaltung und Überwachung von Systemressourcen wie CPU, Speicher und Festplatten-E/A kann dazu beitragen, Engpässe zu identifizieren und zu beheben.

- **Überwachung der CPU-Auslastung:**

  o Mit typeperf können Sie die CPU-Auslastung überwachen und protokollieren.

  o Beispiel: Überwachung der CPU-Auslastung über 60 Sekunden:

```
typeperf "\Processor(_Total)\% Processor Time" -si 1 -sc 60
```

- **Erklärung:**

  - **-si 1**: Gibt die Abtastrate in Sekunden an (hier 1 Sekunde).

  - **-sc 60**: Gibt die Anzahl der Abtastungen an (hier 60).

- **Speicherverwaltung mit tasklist und taskkill:**

  o Mit tasklist können Sie die Speichernutzung von Prozessen überwachen und mit taskkill Prozesse beenden, die zu viele Ressourcen verbrauchen.

  o Beispiel: Anzeige aller Prozesse und ihrer Speichernutzung:

```
tasklist /FI "MEMUSAGE gt 50000"
```

- **Erklärung:**

  - **/FI "MEMUSAGE gt 50000"**: Filtert die Prozesse, die mehr als 50.000 KB Speicher verwenden.

  o Beispiel: Beenden eines Prozesses mit hohem Speicherverbrauch:

```
taskkill /FI "MEMUSAGE gt 50000" /F
```

- **Erklärung:**

  - **/F**: Erzwingt das Beenden der Prozesse, die den Filterkriterien entsprechen.

4. Automatisierte Speicherplatzverwaltung

Die Verwaltung des Speicherplatzes ist entscheidend für die Systemleistung, insbesondere auf Systemen mit begrenztem Speicherplatz.

- **Sicheres Löschen von temporären Dateien:**

- Temporäre Dateien können den Speicherplatz schnell auffüllen. Sie können regelmäßig gelöscht werden, um den verfügbaren Speicherplatz zu maximieren.

- Beispiel: Temporäre Dateien löschen:

```
del /s /q %temp%\*
del /s /q C:\Windows\Temp\*
```

- **Alte Systemwiederherstellungspunkte löschen:**

  - Systemwiederherstellungspunkte nehmen Speicherplatz in Anspruch. Sie können ältere Wiederherstellungspunkte entfernen, um Platz zu schaffen.

  - Beispiel: Alte Wiederherstellungspunkte entfernen:

```
vssadmin delete shadows /for=C: /oldest
```

  - **Erklärung:**

    - **/oldest**: Löscht den ältesten Wiederherstellungspunkt auf Laufwerk C:.

5. Verwalten von Autostart-Programmen

Die Verwaltung von Autostart-Programmen kann die Bootzeit optimieren und die Systemleistung verbessern.

- **Auflisten von Autostart-Programmen:**

  - Mit wmic können Sie eine Liste der Programme abrufen, die beim Start ausgeführt werden.

  - Beispiel: Liste der Autostart-Programme anzeigen:

```
wmic startup get caption,command
```

- **Deaktivieren von Autostart-Programmen:**

- o Sie können unerwünschte Programme aus dem Autostart entfernen, um den Systemstart zu beschleunigen.

- o Beispiel: Autostart-Programme über die Registry deaktivieren:

```
reg delete "HKCU\Software\Microsoft\Windows\CurrentVersion\Run"
/v "Programmname" /f
```

- **Erklärung:**

  - **/v "Programmname"**: Gibt den Namen des Programms an, das aus dem Autostart entfernt werden soll.

  - **/f**: Erzwingt die Löschung ohne Bestätigung.

Zusammenfassung

Die Optimierung von Systemprozessen mithilfe der CMD kann die Leistung und Effizienz eines Windows-Systems erheblich verbessern. Durch die Priorisierung von Prozessen, die Automatisierung von Wartungsaufgaben, die Überwachung und Verwaltung von Ressourcen sowie die gezielte Verwaltung von Speicherplatz und Autostart-Programmen können fortgeschrittene Benutzer ein Höchstmaß an Systemleistung und Stabilität sicherstellen. Diese Techniken sind besonders nützlich in Umgebungen, in denen Ressourcen knapp sind oder in denen die Leistung von entscheidender Bedeutung ist.

Beispiele für fortgeschrittene Nutzer

Fortgeschrittene CMD-Nutzer können komplexe Aufgaben automatisieren und tiefere Systemkonfigurationen vornehmen, die weit über die Grundlagen hinausgehen. Hier sind einige Beispiele, die zeigen, wie Sie die CMD für fortgeschrittene Aufgaben nutzen können.

Beispiel 1: Erstellung eines komplexen Batch-Skripts zur Netzwerkdiagnose

Szenario: Sie möchten ein Skript erstellen, das automatisch eine Reihe von Netzwerkdiagnosetests durchführt, die Ergebnisse in einer Datei protokolliert und bei Fehlern eine Benachrichtigung sendet.

Skript:

```
@echo off

set logfile=C:\Logs\Netzwerkdiagnose_%date:~-
4%_%date:~3,2%_%date:~0,2%.txt

set adminEmail=admin@example.com

set smtpServer=smtp.example.com


echo Starte Netzwerkdiagnose... > %logfile%


echo Überprüfe IP-Konfiguration... >> %logfile%

ipconfig /all >> %logfile%


echo Überprüfe Gateway-Verbindung... >> %logfile%

ping -n 4 192.168.1.1 >> %logfile%

if %ERRORLEVEL% NEQ 0 (

    echo Fehler: Kein Kontakt zum Gateway >> %logfile%

    powershell -Command "Send-MailMessage -To '%adminEmail%' -
From 'server@example.com' -Subject 'Netzwerkproblem auf
%COMPUTERNAME%' -Body 'Es konnte keine Verbindung zum Gateway
hergestellt werden.' -SmtpServer '%smtpServer%'"
```

```
)

echo Überprüfe DNS-Server... >> %logfile%

ping -n 4 8.8.8.8 >> %logfile%

if %ERRORLEVEL% NEQ 0 (

    echo Fehler: DNS-Server nicht erreichbar >> %logfile%

    powershell -Command "Send-MailMessage -To '%adminEmail%' -
From 'server@example.com' -Subject 'Netzwerkproblem auf
%COMPUTERNAME%' -Body 'Der DNS-Server ist nicht erreichbar.' -
SmtpServer '%smtpServer%'"

)


echo Überprüfe Verbindung zu www.google.com... >> %logfile%

ping -n 4 www.google.com >> %logfile%

if %ERRORLEVEL% NEQ 0 (

    echo Fehler: Keine Verbindung zum Internet >> %logfile%

    powershell -Command "Send-MailMessage -To '%adminEmail%' -
From 'server@example.com' -Subject 'Netzwerkproblem auf
%COMPUTERNAME%' -Body 'Es konnte keine Verbindung zum Internet
hergestellt werden.' -SmtpServer '%smtpServer%'"

)


echo Netzwerkdiagnose abgeschlossen. >> %logfile%

pause
```

Erklärung:

- **ping-Befehle:** Überprüfen die Verbindungen zum Gateway, DNS-Server und einer externen Website.

- **powershell Send-MailMessage:** Sendet eine E-Mail-Benachrichtigung an den Administrator, wenn ein Fehler auftritt.

- **Log-Datei:** Alle Diagnoseschritte und ihre Ergebnisse werden in einer Log-Datei gespeichert.

Beispiel 2: Automatisierte Überwachung und Neustart von Diensten

Szenario: Sie möchten sicherstellen, dass kritische Dienste auf einem Server stets laufen und automatisch neu gestartet werden, falls sie unerwartet beendet werden.

Skript:

```
@echo off

set logfile=C:\Logs\ServiceMonitoring_%date:~-
4%_%date:~3,2%_%date:~0,2%.txt

set serviceList=Spooler BITS wuauserv


echo Starte Serviceüberwachung... > %logfile%


for %%s in (%serviceList%) do (

    echo Überprüfe Dienst %%s... >> %logfile%

    sc query %%s | find "RUNNING" >nul

    if %ERRORLEVEL% NEQ 0 (

        echo Dienst %%s ist nicht aktiv. Versuche, den Dienst zu
starten... >> %logfile%

        net start %%s >> %logfile%

        if %ERRORLEVEL% EQU 0 (

            echo Dienst %%s erfolgreich gestartet. >> %logfile%

        ) else (

            echo Fehler: Dienst %%s konnte nicht gestartet
werden. >> %logfile%
```

```
        )
    ) else (
        echo Dienst %%s läuft ordnungsgemäß. >> %logfile%
    )
)

echo Serviceüberwachung abgeschlossen. >> %logfile%
pause
```

Erklärung:

- **sc query:** Überprüft den Status der Dienste in der Liste (serviceList).

- **net start:** Startet einen Dienst neu, falls dieser nicht läuft.

- **Log-Datei:** Speichert den Status jedes überwachten Dienstes und dokumentiert Startversuche.

Beispiel 3: Erstellen eines Backup-Skripts mit Verifizierung

Szenario: Sie möchten ein Backup-Skript erstellen, das Dateien und Verzeichnisse sichert, anschließend die Integrität des Backups überprüft und bei Fehlern eine Benachrichtigung sendet.

Skript:

```
@echo off
set sourceDir=C:\Daten
set backupDir=D:\Backup\Daten_%date:~-4%_%date:~3,2%_%date:~0,2%
set logfile=C:\Logs\BackupLog_%date:~-4%_%date:~3,2%_%date:~0,2%.txt
set adminEmail=admin@example.com
set smtpServer=smtp.example.com
```

```
echo Starte Backup... > %logfile%

xcopy /E /I /H /Y "%sourceDir%" "%backupDir%" >> %logfile%

if %ERRORLEVEL% NEQ 0 (

    echo Fehler beim Backup >> %logfile%

    powershell -Command "Send-MailMessage -To '%adminEmail%' -
From 'server@example.com' -Subject 'Backup-Fehler auf
%COMPUTERNAME%' -Body 'Das Backup des Verzeichnisses %sourceDir%
ist fehlgeschlagen.' -SmtpServer '%smtpServer%'"

    goto :end

)


echo Überprüfe Backup-Integrität... >> %logfile%

for /R "%sourceDir%" %%f in (*) do (

    fc "%%f" "%backupDir%\%%~pnxf" >nul

    if %ERRORLEVEL% NEQ 0 (

        echo Integritätsprüfung fehlgeschlagen für %%f >>
%logfile%

        powershell -Command "Send-MailMessage -To '%adminEmail%'
-From 'server@example.com' -Subject 'Backup-Integritätsfehler auf
%COMPUTERNAME%' -Body 'Die Datei %%f konnte im Backup nicht
korrekt überprüft werden.' -SmtpServer '%smtpServer%'"

    )

)


echo Backup und Integritätsprüfung abgeschlossen. >> %logfile%

:end

pause
```

Erklärung:

- **xcopy:** Erstellt ein vollständiges Backup des Quellverzeichnisses.

- **fc:** Vergleicht die Originaldateien mit den gesicherten Kopien, um die Integrität zu überprüfen.

- **powershell Send-MailMessage:** Sendet eine E-Mail-Benachrichtigung bei Backup- oder Integritätsfehlern.

Beispiel 4: Automatische Bereinigung von Log-Dateien

Szenario: Sie möchten ein Skript erstellen, das regelmäßig alte Log-Dateien löscht, um Speicherplatz zu sparen.

Skript:

```
@echo off

set logDir=C:\Logs

set archiveDir=D:\Archiv\Logs

set logfile=C:\Logs\LogCleanup_%date:~-
4%_%date:~3,2%_%date:~0,2%.txt


echo Starte Log-Bereinigung... > %logfile%


forfiles /p "%logDir%" /s /m *.log /d -30 /c "cmd /c del @path"
>> %logfile%

if %ERRORLEVEL% NEQ 0 (

    echo Fehler beim Löschen von Log-Dateien >> %logfile%

) else (

    echo Log-Bereinigung erfolgreich abgeschlossen. >> %logfile%

)


pause
```

Erklärung:

- **forfiles:** Löscht alle Log-Dateien, die älter als 30 Tage sind.

- **Log-Datei:** Protokolliert die Aktivitäten der Log-Bereinigung.

Beispiel 5: Erstellen eines Batch-Skripts zur Synchronisierung von Dateien über das Netzwerk

Szenario: Sie möchten Dateien von einem lokalen Verzeichnis zu einem Netzwerkstandort synchronisieren, wobei nur die Änderungen übertragen werden sollen.

Skript:

```
@echo off

set sourceDir=C:\Daten

set targetDir=\\Server\Freigabe\Daten

set logfile=C:\Logs\SyncLog_%date:~-4%_%date:~3,2%_%date:~0,2%.txt


echo Starte Dateisynchronisation... > %logfile%


robocopy "%sourceDir%" "%targetDir%" /MIR /R:3 /W:5
/LOG+:%logfile%

if %ERRORLEVEL% GEQ 8 (

    echo Fehler bei der Synchronisation. >> %logfile%

) else (

    echo Synchronisation erfolgreich abgeschlossen. >> %logfile%

)


pause
```

Erklärung:

- **robocopy:** Synchronisiert das lokale Verzeichnis mit dem Netzwerkstandort, wobei nur geänderte Dateien kopiert werden.

- **/MIR:** Spiegelt das Quellverzeichnis, d.h. es werden auch Dateien gelöscht, die nicht mehr im Quellverzeichnis vorhanden sind.

- **Log-Datei:** Speichert die Ausgabe und den Status der Synchronisierung.

Zusammenfassung

Diese Beispiele für fortgeschrittene CMD-Nutzer zeigen, wie die CMD zur Automatisierung komplexer Aufgaben, zur Sicherstellung der Systemintegrität und zur Optimierung der Systemverwaltung genutzt werden kann. Durch die Kombination verschiedener CMD-Befehle und die Integration von PowerShell-Kommandos können fortgeschrittene Benutzer leistungsstarke Skripte erstellen, die ihnen helfen, ihre täglichen Verwaltungsaufgaben effizient und zuverlässig zu erledigen.

13. Anhang

Kommando-Referenz

Alphabetische Liste aller CMD-Befehle mit Kurzbeschreibungen

Hier finden Sie eine alphabetische Liste der wichtigsten CMD-Befehle unter Windows, jeweils mit einer kurzen Beschreibung ihrer Funktion. Diese Referenz dient als schnelle Übersicht und Nachschlagewerk für die häufig verwendeten Befehle.

- **ASSOC**

- **Beschreibung:** Zeigt die Zuordnungen von Dateierweiterungen zu Programmen an oder ändert diese. Es zeigt alle registrierten Dateierweiterungen und die damit verbundenen Programme an oder legt fest, welches Programm eine bestimmte Dateierweiterung öffnen soll.

- **Verwendung:**

- assoc: Zeigt alle Zuordnungen an.

- assoc .txt=txtfile: Ordnet die Dateierweiterung .txt dem Dateityp txtfile zu.

- **AT**

- **Beschreibung:** Plant Befehle und Programme zur Ausführung zu einem bestimmten Zeitpunkt. Dieser Befehl wurde durch schtasks ersetzt, wird aber noch in älteren Systemen verwendet.

- **Verwendung:**

- at 15:00 /every:M,T,W,Th,F "C:\Scripts\backup.bat": Führt das Backup-Skript jeden Wochentag um 15:00 Uhr aus.

- **ATTRIB**

- **Beschreibung:** Zeigt Dateiattribute an oder ändert diese. Sie können Dateien als schreibgeschützt, versteckt, system- oder archivfähig kennzeichnen.

- **Verwendung:**

- attrib +r example.txt: Setzt das schreibgeschützte Attribut für die Datei example.txt.

- attrib -h -s /s /d C:\Ordner*.*: Entfernt die Attribute versteckt und System für alle Dateien und Unterverzeichnisse im angegebenen Verzeichnis.

- **BREAK**

- **Beschreibung:** Setzt die erweiterte Überprüfung von STRG+C auf ON oder OFF. Dieser Befehl ist in neueren Windows-Versionen weitgehend obsolet, wird aber in Batch-Skripten für Kompatibilitätszwecke verwendet.

- **Verwendung:**

- break on: Aktiviert die STRG+C-Prüfung.

- break off: Deaktiviert die STRG+C-Prüfung.

- **BCDEDIT**

- **Beschreibung:** Konfiguriert Boot-Konfigurationseinstellungen. Dieser Befehl wird verwendet, um den Windows-Startmanager zu konfigurieren, z.B. um Startoptionen zu ändern oder Einträge zu erstellen/löschen.

- **Verwendung:**

- bcdedit /enum: Zeigt eine Liste aller aktuellen Boot-Einträge an.

- bcdedit /set {current} safeboot minimal: Setzt den aktuellen Boot-Eintrag auf den abgesicherten Modus.

- **CACLS**

- **Beschreibung:** Zeigt Zugriffsrechte (ACLs) von Dateien an oder ändert diese. Dieser Befehl ist durch icacls ersetzt worden, bietet jedoch weiterhin Grundfunktionen zur Rechteverwaltung.

- **Verwendung:**

- cacls example.txt: Zeigt die Zugriffsrechte für die Datei example.txt an.

- cacls example.txt /g Benutzer:F: Gibt dem Benutzer Benutzer vollen Zugriff auf die Datei example.txt.

- **CALL**

- **Beschreibung:** Ruft ein Batchprogramm aus einem anderen Batchprogramm auf. Dieser Befehl ermöglicht die Verschachtelung von Batch-Skripten.

- **Verwendung:**

- call secondscript.bat: Führt das Batchskript secondscript.bat aus, bleibt aber im aktuellen Skript.

- call :labelname: Ruft eine markierte Stelle im aktuellen Batchskript auf.

- **CD**

- **Beschreibung:** Wechselt das aktuelle Verzeichnis oder zeigt es an. cd kann auch verwendet werden, um die Laufwerksbuchstaben zu wechseln.

- **Verwendung:**

- cd \Windows\System32: Wechselt in das Verzeichnis C:\Windows\System32.

- cd ..: Geht ein Verzeichnis zurück.

- **CHCP**

- **Beschreibung:** Zeigt die aktive Codepage an oder ändert sie. Die Codepage bestimmt, welche Zeichencodierung CMD verwendet.

- **Verwendung:**

- chcp: Zeigt die aktuelle Codepage an.

- chcp 65001: Wechselt zur UTF-8-Codepage.

- **CHKDSK**

- **Beschreibung:** Überprüft ein Laufwerk und behebt Fehler, sofern möglich. Dieser Befehl wird verwendet, um das Dateisystem auf logische und physische Fehler zu überprüfen.

- **Verwendung:**

- chkdsk C:: Überprüft das Laufwerk C: auf Fehler.

- chkdsk C: /f: Überprüft und behebt Fehler auf dem Laufwerk C:.

- **CHKNTFS**

- **Beschreibung:** Zeigt die Überprüfung des Laufwerks beim Start an oder konfiguriert diese. Mit diesem Befehl können Sie verhindern, dass chkdsk beim Systemstart automatisch ausgeführt wird.

- **Verwendung:**

- chkntfs C:: Zeigt an, ob das Laufwerk C: beim Start überprüft wird.

- chkntfs /x C:: Schließt das Laufwerk C: von der automatischen Überprüfung beim Start aus.

- **CLS**

- **Beschreibung:** Löscht den Bildschirminhalt. Dieser Befehl wird häufig in Batch-Skripten verwendet, um die Konsole vor der Anzeige neuer Informationen zu bereinigen.

- **Verwendung:**

- cls: Löscht den Inhalt des aktuellen CMD-Fensters.

- **CMD**

- **Beschreibung:** Startet eine neue Instanz der Eingabeaufforderung. Dieser Befehl wird häufig verwendet, um eine neue CMD-Sitzung zu starten oder um Batch-Skripte mit speziellen Optionen auszuführen.

- **Verwendung:**

- cmd: Startet eine neue CMD-Sitzung.

- cmd /k dir: Startet eine neue CMD-Sitzung und führt den Befehl dir aus, bevor sie offen bleibt.

- **COLOR**

- **Beschreibung:** Setzt die Vordergrund- und Hintergrundfarben der Konsole. Die Farbe wird durch zwei Hexadezimalwerte angegeben, z.B. 0A für schwarz auf hellgrün.

- **Verwendung:**

- color 0A: Setzt die Vordergrundfarbe auf hellgrün und die Hintergrundfarbe auf schwarz.

- color: Setzt die Farben auf die Standardeinstellung zurück.

- **COMP**

- **Beschreibung:** Vergleicht den Inhalt von zwei oder mehr Dateien und zeigt die Unterschiede an. Dieser Befehl wird verwendet, um die Ähnlichkeit von Dateien zu überprüfen.

- **Verwendung:**

- comp file1.txt file2.txt: Vergleicht die Dateien file1.txt und file2.txt.

- **COMPACT**

- **Beschreibung:** Zeigt die Komprimierung eines NTFS-Verzeichnisses an oder ändert diese. Mit diesem Befehl können Sie den Komprimierungsstatus von Dateien und Ordnern ändern.

- **Verwendung:**

- compact: Zeigt den Komprimierungsstatus der Dateien im aktuellen Verzeichnis an.

- compact /c /s:C:\Folder: Komprimiert alle Dateien im Verzeichnis C:\Folder.

- **CONVERT**

- **Beschreibung:** Konvertiert ein FAT-Volumen zu NTFS, ohne Daten zu verlieren. Dies ist nützlich, wenn Sie die Vorteile von NTFS wie Sicherheit und größere Dateigrößen nutzen möchten.

- **Verwendung:**

- convert C: /fs:ntfs: Konvertiert das Dateisystem des Laufwerks C: von FAT32 zu NTFS.

- **COPY**

- **Beschreibung:** Kopiert Dateien von einem Ort zu einem anderen. Dieser Befehl wird verwendet, um Dateien einfach und schnell zu duplizieren.

- **Verwendung:**

- copy file1.txt file2.txt: Kopiert den Inhalt von file1.txt nach file2.txt.

- copy *.txt D:\Backup: Kopiert alle .txt-Dateien in das Verzeichnis D:\Backup.

- **DATE**

- **Beschreibung:** Zeigt das Datum an oder ändert es. Dieser Befehl wird verwendet, um das Systemdatum anzuzeigen oder zu aktualisieren.

- **Verwendung:**

- date: Zeigt das aktuelle Datum an und fordert den Benutzer auf, es zu ändern.

- date /t: Zeigt nur das aktuelle Datum an, ohne es zu ändern.

- **DEL**

- **Beschreibung:** Löscht eine oder mehrere Dateien. Dieser Befehl entfernt Dateien dauerhaft aus dem Dateisystem.

- **Verwendung:**

- del file.txt: Löscht die Datei file.txt.

- del /s /q *.tmp: Löscht alle .tmp-Dateien im aktuellen Verzeichnis und seinen Unterverzeichnissen ohne Bestätigung.

- **DIR**

- **Beschreibung:** Zeigt eine Liste der Dateien und Unterverzeichnisse in einem Verzeichnis an. Dieser Befehl ist einer der am häufigsten verwendeten in der CMD, um den Inhalt von Verzeichnissen anzuzeigen.

- **Verwendung:**

- dir: Zeigt den Inhalt des aktuellen Verzeichnisses an.

- dir /s /p: Zeigt den Inhalt des aktuellen Verzeichnisses und aller Unterverzeichnisse seitenweise an.

- **DISKPART**

- **Beschreibung:** Startet das Partitionierungs-Tool zur Verwaltung von Festplatten. Mit diskpart können Sie Partitionen erstellen, löschen und formatieren.

- **Verwendung:**

- diskpart: Startet das Tool diskpart.

- Innerhalb von diskpart:

- list disk: Zeigt eine Liste aller verfügbaren Festplatten an.

- select disk 0: Wählt die Festplatte 0 zur Bearbeitung aus.

- create partition primary: Erstellt eine primäre Partition auf der ausgewählten Festplatte.

- **DOSKEY**

- **Beschreibung:** Bearbeitet Befehlseingaben, speichert und ruft Befehle wieder ab. doskey ermöglicht die schnelle Wiederverwendung und Bearbeitung von Befehlen.

- **Verwendung:**

- doskey /history: Zeigt eine Liste der zuletzt eingegebenen Befehle an.

- **ECHO**

- **Beschreibung:** Zeigt Nachrichten an oder schaltet die Befehlsanzeige ein oder aus. echo wird oft in Batch-Skripten verwendet, um den Benutzer zu informieren oder Ausgaben anzuzeigen.

- **Verwendung:**

- echo Hello, World!: Zeigt die Nachricht Hello, World! in der Konsole an.

- echo off: Schaltet die Befehlsanzeige aus.

- **ENDLOCAL**

- **Beschreibung:** Beendet die lokale Variablen- und Umgebungsanpassung eines Batchskripts. Dieser Befehl wird in

Skripten verwendet, um Änderungen an Umgebungsvariablen auf eine bestimmte Blockebene zu beschränken.

- **Verwendung:**

- endlocal: Beendet den Block lokaler Variablenanpassungen.

- **ERASE**

- **Beschreibung:** Alias für del. Wird verwendet, um Dateien zu löschen.

- **Verwendung:**

- erase file.txt: Löscht die Datei file.txt.

- **EXIT**

- **Beschreibung:** Beendet die CMD.EXE-Sitzung (Kommandozeilenfenster). Dieser Befehl wird häufig verwendet, um Batch-Skripte zu beenden oder eine CMD-Sitzung zu schließen.

- **Verwendung:**

- exit: Schließt die aktuelle CMD-Sitzung.

- **FC**

- **Beschreibung:** Vergleicht zwei Dateien oder Dateisätze und zeigt die Unterschiede an. fc ist nützlich, um Änderungen zwischen zwei Textdateien zu identifizieren.

- **Verwendung:**

- fc file1.txt file2.txt: Vergleicht file1.txt und file2.txt.

- fc /b file1.txt file2.txt: Führt einen binären Vergleich der beiden Dateien durch.

- **FIND**

- **Beschreibung:** Sucht in Dateien nach einem Textstring. find ist nützlich, um eine bestimmte Zeichenfolge innerhalb von Dateien zu lokalisieren.

- **Verwendung:**

- find "Text" file.txt: Sucht nach der Zeichenfolge Text in file.txt.

- find /n /i "Text" file.txt: Sucht nach der Zeichenfolge Text und zeigt die Zeilennummern an, wobei die Groß-/Kleinschreibung ignoriert wird.

- **FINDSTR**

- **Beschreibung:** Sucht nach Text in Dateien und unterstützt reguläre Ausdrücke. findstr ist leistungsfähiger als find und kann komplexere Suchmuster verwenden.

- **Verwendung:**

- findstr "Error" *.log: Sucht in allen .log-Dateien im aktuellen Verzeichnis nach der Zeichenfolge Error.

- findstr /r "^ERROR[0-9]*" file.txt: Sucht nach Zeilen, die mit ERROR gefolgt von einer beliebigen Anzahl von Ziffern beginnen.

- **FOR**

- **Beschreibung:** Führt einen Befehl für jede Datei in einer Gruppe von Dateien aus. Dieser Befehl wird häufig in Skripten verwendet, um Schleifen zu erstellen.

- **Verwendung:**

- for %i in (*.txt) do echo %i: Führt den Befehl echo für jede .txt-Datei im aktuellen Verzeichnis aus.

- for /r %i in (*.txt) do type %i: Gibt den Inhalt jeder .txt-Datei im aktuellen Verzeichnis und seinen Unterverzeichnissen aus.

- **FORMAT**

- **Beschreibung:** Formatiert ein Laufwerk für die Verwendung mit Windows. Dieser Befehl wird verwendet, um eine Festplatte oder ein anderes Speichergerät zu formatieren.

- **Verwendung:**

- format C: /fs:ntfs: Formatiert das Laufwerk C: mit dem NTFS-Dateisystem.

- format D: /q /fs:exfat: Führt eine Schnellformatierung des Laufwerks D: mit dem exFAT-Dateisystem durch.

- **FSUTIL**

- **Beschreibung:** Zeigt Dateisysteminformationen an oder konfiguriert diese. fsutil ist ein leistungsfähiges Tool für die Verwaltung von Dateisystemen und Laufwerken.

- **Verwendung:**

- fsutil dirty query C:: Überprüft, ob das Laufwerk C: als "dirty" markiert ist (was eine chkdsk-Überprüfung beim nächsten Start auslösen könnte).

- fsutil behavior query DisableLastAccess: Zeigt den aktuellen Status der LastAccess-Zeitstempelaktualisierung auf Dateien an.

- **FTYPE**

- **Beschreibung:** Zeigt die Dateitypen an oder ändert sie, die mit Dateierweiterungen verknüpft sind. Dieser Befehl wird verwendet, um festzulegen, welches Programm eine bestimmte Dateitypzuordnung öffnen soll.

- **Verwendung:**

- ftype txtfile="C:\Program Files\Notepad++\notepad++.exe" "%1": Setzt den Editor Notepad++ als Standardprogramm für den Dateityp txtfile.

- **GOTO**

- **Beschreibung:** Leitet die CMD.EXE auf eine in einem Batchprogramm angegebene Bezeichnung weiter. Dieser Befehl wird in Batch-Skripten verwendet, um den Programmfluss zu steuern.

- **Verwendung:**

- goto labelname: Springt zu einer markierten Stelle (:labelname) im Batchskript.

```
@echo off

goto start


:start

echo Dies ist der Start des Skripts.
```

- **GPRESULT**

- **Beschreibung:** Zeigt die angewendeten Gruppenrichtlinien und deren Ergebnisse für Benutzer und Computer an. Dieser Befehl wird häufig zur Fehlersuche in der Gruppenrichtlinienverwaltung verwendet.

- **Verwendung:**

- gpresult /r: Zeigt eine Zusammenfassung der Gruppenrichtlinienergebnisse für den aktuellen Benutzer und Computer.

- gpresult /h report.html: Generiert einen detaillierten Bericht im HTML-Format.

- **GPUPDATE**

- **Beschreibung:** Aktualisiert lokale und Active Directory-basierte Gruppenrichtlinieneinstellungen. gpupdate erzwingt eine sofortige Anwendung der Richtlinien.

- **Verwendung:**

- gpupdate /force: Erzwingt eine vollständige Aktualisierung aller Richtlinien, einschließlich der sicherheitsbezogenen Richtlinien.

- **HELP**

- **Beschreibung:** Zeigt eine Liste der verfügbaren Befehle und deren kurze Beschreibungen an. Dieser Befehl ist nützlich, um Hilfe zu einem spezifischen CMD-Befehl zu erhalten.

- **Verwendung:**

- help: Zeigt eine Liste aller verfügbaren Befehle an.

- help dir: Zeigt Hilfe und Syntaxinformationen zum Befehl dir an.

- **HOSTNAME**

- **Beschreibung:** Zeigt den Namen des aktuellen Computers an. Dieser Befehl ist nützlich, um schnell den Netzwerknamen des Computers zu ermitteln.

- **Verwendung:**

- hostname: Zeigt den aktuellen Computernamen an.

- **ICACLS**

- **Beschreibung:** Zeigt Zugriffssteuerungslisten (ACLs) für Dateien an und modifiziert diese. icacls ist der Nachfolger von cacls und bietet erweiterte Funktionen zur Verwaltung von Berechtigungen.

- **Verwendung:**

- icacls C:\Ordner /grant Benutzer:F: Gibt dem Benutzer Benutzer vollen Zugriff auf das Verzeichnis C:\Ordner.

- icacls C:\Ordner /save aclfile /T: Speichert die ACLs des Verzeichnisses C:\Ordner und aller Unterverzeichnisse in der Datei aclfile.

- **IF**

- **Beschreibung:** Führt bedingte Verarbeitung in Batchprogrammen aus. if wird verwendet, um Anweisungen basierend auf einer Bedingung auszuführen.

- **Verwendung:**

- if exist file.txt echo Datei existiert.: Überprüft, ob die Datei file.txt existiert, und zeigt eine Nachricht an.

- if "%username%"=="Admin" echo Hallo, Administrator!: Führt eine Aktion basierend auf dem aktuellen Benutzernamen aus.

- **LABEL**

- **Beschreibung:** Erstellt, ändert oder löscht das Volumenbezeichnungszeichen einer Festplatte. Mit label können Sie den Namen eines Laufwerks festlegen oder ändern.

- **Verwendung:**

- label C: Datenlaufwerk: Setzt das Volumenbezeichnungszeichen für Laufwerk C: auf Datenlaufwerk.

- **MD**

- **Beschreibung:** Erstellt ein neues Verzeichnis. md ist ein Alias für mkdir.

- **Verwendung:**

- md C:\NeuerOrdner: Erstellt ein Verzeichnis namens NeuerOrdner auf Laufwerk C:.

- **MKDIR**

- **Beschreibung:** Alias für md. Wird verwendet, um neue Verzeichnisse zu erstellen.

- **Verwendung:**

- mkdir C:\NeuerOrdner: Erstellt ein Verzeichnis namens NeuerOrdner auf Laufwerk C:.

- **MKLINK**

- **Beschreibung:** Erstellt symbolische Links und Verknüpfungen. mklink kann verwendet werden, um symbolische Links (soft links) oder Verknüpfungen (hard links) zwischen Dateien und Verzeichnissen zu erstellen.

- **Verwendung:**

- mklink /D LinkName ZielVerzeichnis: Erstellt einen symbolischen Link mit dem Namen LinkName, der auf das ZielVerzeichnis verweist.

- mklink /H LinkName ZielDatei: Erstellt eine Hardlink-Verknüpfung zu einer Datei.

- **MODE**

- **Beschreibung:** Konfiguriert Systemgeräte wie COM-Ports und Druckereinstellungen. mode wird häufig für serielle Kommunikationsports verwendet.

- **Verwendung:**

- mode COM1: baud=9600 parity=n data=8 stop=1: Konfiguriert den COM1-Port für serielle Kommunikation.

- **MORE**

- **Beschreibung:** Zeigt eine Datei seitenweise an. more wird verwendet, um den Inhalt einer Datei oder die Ausgabe eines Befehls seitenweise anzuzeigen.

- **Verwendung:**

- type lange_datei.txt | more: Zeigt die Datei lange_datei.txt seitenweise an.

- dir /s | more: Zeigt die Verzeichnisstruktur seitenweise an.

- **MOVE**

- **Beschreibung:** Verschiebt eine oder mehrere Dateien von einem Ort zu einem anderen. move wird auch verwendet, um Dateien umzubenennen.

- **Verwendung:**

  - move file.txt D:\ZielVerzeichnis: Verschiebt file.txt in das Verzeichnis D:\ZielVerzeichnis.

  - move altesfile.txt neuesfile.txt: Benennt die Datei altesfile.txt in neuesfile.txt um.

- **OPENFILES**

- **Beschreibung:** Zeigt die aktuell geöffneten Dateien an oder beendet deren Verbindungen. openfiles ist besonders nützlich auf Servern zur Verwaltung von Netzwerkverbindungen.

- **Verwendung:**

  - openfiles /query: Zeigt eine Liste aller geöffneten Dateien an.

  - openfiles /disconnect /id 5: Trennt die Verbindung zu einer Datei mit der ID 5.

- **PATH**

- **Beschreibung:** Zeigt oder setzt den Suchpfad für ausführbare Dateien. path wird verwendet, um den Verzeichnispfad zu ändern, in dem CMD nach ausführbaren Dateien sucht.

- **Verwendung:**

  - path: Zeigt den aktuellen Suchpfad an.

  - path C:\Windows\System32;C:\Programme: Setzt den Suchpfad auf die angegebenen Verzeichnisse.

- **PAUSE**

- **Beschreibung:** Hält die Ausführung eines Batchskripts an und zeigt eine Nachricht an, bis eine Taste gedrückt wird. pause wird häufig in Skripten verwendet, um eine Benutzerinteraktion zu erzwingen.

- **Verwendung:**

- pause: Hält die Ausführung an und zeigt "Drücken Sie eine beliebige Taste . . .".

- **POPD**

- **Beschreibung:** Stellt das vorherige Verzeichnis aus einem Stapelpfad wieder her. popd wird in Verbindung mit pushd verwendet, um Verzeichnisse schnell zu wechseln.

- **Verwendung:**

- pushd D:\Backup

- REM Arbeiten im Backup-Verzeichnis

- popd

- REM Zurück zum ursprünglichen Verzeichnis

- **PUSHD**

- **Beschreibung:** Speichert das aktuelle Verzeichnis und wechselt zu einem neuen Verzeichnis. pushd wird verwendet, um das Verzeichnis zu ändern, während das aktuelle Verzeichnis im Speicher bleibt.

- **Verwendung:**

- pushd D:\Backup: Wechselt in das Verzeichnis D:\Backup, während das aktuelle Verzeichnis gespeichert wird.

- **PRINT**

- **Beschreibung:** Druckt eine Datei. print wird verwendet, um eine Textdatei an einen Drucker zu senden.

- **Verwendung:**

- print /d:LPT1 Datei.txt: Druckt die Datei Datei.txt auf dem Drucker, der an LPT1 angeschlossen ist.

- **PROMPT**

- **Beschreibung:** Ändert das Eingabeaufforderungssymbol. prompt wird verwendet, um die CMD-Eingabeaufforderung anzupassen.

- **Verwendung:**

- prompt PG: Setzt die Eingabeaufforderung auf den aktuellen Pfad gefolgt von >.

- prompt $D $T $G: Zeigt das Datum, die Uhrzeit und das Zeichen > an.

- **RD**

- **Beschreibung:** Löscht ein Verzeichnis. rd ist ein Alias für rmdir.

- **Verwendung:**

- rd /s /q C:\AltesVerzeichnis: Löscht das Verzeichnis C:\AltesVerzeichnis und alle Unterverzeichnisse und Dateien ohne Bestätigung.

- **RECOVER**

- **Beschreibung:** Stellt lesbare Daten von einem beschädigten oder defekten Laufwerk wieder her. recover versucht, Daten von einer beschädigten Festplatte zu retten.

- **Verwendung:**

- recover C:\defekte_datei.txt: Versucht, Daten aus der Datei defekte_datei.txt wiederherzustellen.

- **REG**

- **Beschreibung:** Der Registrierungseditor über CMD, um Registrierungseinträge zu erstellen, ändern oder zu löschen. reg wird verwendet, um die Windows-Registrierung von der Befehlszeile aus zu bearbeiten.

- **Verwendung:**

- reg add "HKCU\Software\MeinProgramm" /v Einstellung /t REG_SZ /d "Wert": Fügt einen neuen Wert in die Registrierung ein.

- reg delete "HKCU\Software\MeinProgramm" /v Einstellung: Löscht einen Registrierungswert.

- **RENAME**

- **Beschreibung:** Benennt eine oder mehrere Dateien um. rename wird verwendet, um den Namen von Dateien zu ändern.

- **Verwendung:**

- rename altesfile.txt neuesfile.txt: Benennt altesfile.txt in neuesfile.txt um.

- **REPLACE**

- **Beschreibung:** Ersetzt Dateien durch andere Dateien. replace wird verwendet, um Dateien zu aktualisieren oder zu ersetzen.

- **Verwendung:**

- replace NeueDatei.txt D:\Backup: Ersetzt die Datei im Verzeichnis D:\Backup durch NeueDatei.txt.

- **RMDIR**

- **Beschreibung:** Alias für rd. Wird verwendet, um ein Verzeichnis zu löschen.

- **Verwendung:**

- rmdir /s /q C:\AltesVerzeichnis: Löscht das Verzeichnis C:\AltesVerzeichnis einschließlich aller Unterverzeichnisse und Dateien ohne Bestätigung.

- **ROBOCOPY**

- **Beschreibung:** Kopiert Verzeichnisse und Dateien robust mit vielen zusätzlichen Optionen (Robustes Kopieren). robocopy ist ein leistungsfähiges Werkzeug für die Synchronisierung und Sicherung von Dateien.

- **Verwendung:**

- robocopy C:\Quelle D:\Ziel /MIR /R:3 /W:5: Kopiert alle Dateien und Verzeichnisse von C:\Quelle nach D:\Ziel, spiegelt die Quelle, wiederholt den Kopierversuch 3-mal und wartet 5 Sekunden zwischen den Versuchen.

- **SCHTASKS**

- **Beschreibung:** Erstellt, löscht oder ändert geplante Aufgaben. schtasks ist das Tool zur Verwaltung der Windows-Aufgabenplanung.

- **Verwendung:**

- schtasks /create /tn "Backup" /tr "C:\Scripts\backup.bat" /sc daily /st 02:00: Erstellt eine tägliche Aufgabe, die das Skript backup.bat um 02:00 Uhr ausführt.

- schtasks /delete /tn "Backup": Löscht die Aufgabe "Backup".

- **SET**

- **Beschreibung:** Zeigt die Umgebungsvariablen an, legt sie fest oder entfernt sie. set wird verwendet, um Umgebungsvariablen in CMD zu konfigurieren.

- **Verwendung:**

- set: Zeigt alle Umgebungsvariablen und ihre Werte an.

- set variable=wert: Setzt den Wert einer Umgebungsvariablen.

- **SETLOCAL**

- **Beschreibung:** Beginnt eine lokale Umgebung für ein Batchskript. setlocal wird verwendet, um Änderungen an Variablen auf den Block zu beschränken.

- **Verwendung:**

- setlocal: Beginnt eine lokale Umgebung, in der Variablenänderungen isoliert sind.

- **SC**

- **Beschreibung:** Verwaltet Dienste über die Befehlszeile. sc wird verwendet, um Windows-Dienste zu steuern.

- **Verwendung:**

- sc query: Zeigt eine Liste aller Dienste und ihren Status an.

- sc start Dienstname: Startet den angegebenen Dienst.

- sc stop Dienstname: Beendet den angegebenen Dienst.

- **SHUTDOWN**

- **Beschreibung:** Fährt den Computer herunter oder startet ihn neu. shutdown wird verwendet, um den Computer zu steuern.

- **Verwendung:**

- shutdown /s /t 60: Fährt den Computer nach 60 Sekunden herunter.

- shutdown /r /t 0: Startet den Computer sofort neu.

- **SORT**

- **Beschreibung:** Sortiert die Eingabe, gibt sie sortiert aus oder speichert sie sortiert. sort wird verwendet, um Textausgaben alphabetisch oder numerisch zu ordnen.

- **Verwendung:**

- sort < unsortierte_datei.txt > sortierte_datei.txt: Sortiert den Inhalt der Datei unsortierte_datei.txt und speichert ihn in sortierte_datei.txt.

- dir | sort: Sortiert die Ausgabe des dir-Befehls.

- **START**

- **Beschreibung:** Startet ein separates Fenster zum Ausführen eines angegebenen Programms oder Befehls. start wird verwendet, um Programme, Skripte oder Befehle in einem neuen Fenster oder Kontext auszuführen.

- **Verwendung:**

- start notepad.exe: Startet den Editor Notepad in einem neuen Fenster.

- start /wait notepad.exe: Startet Notepad und wartet, bis es beendet wird.

- **SUBST**

- **Beschreibung:** Ordnet einen Pfad einem Laufwerksbuchstaben zu. subst wird verwendet, um virtuelle Laufwerke zu erstellen, die auf ein Verzeichnis verweisen.

- **Verwendung:**

- subst X: C:\Daten: Ordnet das Verzeichnis C:\Daten dem Laufwerksbuchstaben X: zu.

- **SYSTEMINFO**

- **Beschreibung:** Zeigt detaillierte Systeminformationen an. systeminfo gibt einen Überblick über die Systemkonfiguration, einschließlich Betriebssystem, Speicher und Netzwerkkonfiguration.

- **Verwendung:**

- systeminfo: Zeigt eine Liste detaillierter Systeminformationen an.

- systeminfo | findstr /B /C:"OS Name" /C:"OS Version": Filtert die Ausgabe, um nur den Namen und die Version des Betriebssystems anzuzeigen.

- **TASKKILL**

- **Beschreibung:** Beendet einen oder mehrere Prozesse. taskkill wird verwendet, um laufende Prozesse zu beenden, oft in Kombination mit tasklist.

- **Verwendung:**

- taskkill /IM notepad.exe: Beendet alle Instanzen von notepad.exe.

- taskkill /PID 1234: Beendet den Prozess mit der ID 1234.

- **TASKLIST**

- **Beschreibung:** Zeigt eine Liste der aktuellen Prozesse an. tasklist wird verwendet, um alle laufenden Prozesse auf einem System anzuzeigen.

- **Verwendung:**

- tasklist: Zeigt alle laufenden Prozesse und deren IDs an.

- tasklist /FI "IMAGENAME eq notepad.exe": Zeigt nur Prozesse mit dem Namen notepad.exe an.

- **TIME**

- **Beschreibung:** Zeigt die aktuelle Uhrzeit an oder ändert sie. time wird verwendet, um die Systemuhrzeit zu überprüfen oder zu ändern.

- **Verwendung:**

- time: Zeigt die aktuelle Uhrzeit an und ermöglicht die Änderung.

- time /t: Zeigt die aktuelle Uhrzeit an, ohne sie zu ändern.

- **TITLE**

- **Beschreibung:** Setzt den Fenstertitel für eine CMD.EXE-Sitzung. title wird verwendet, um den Titel des CMD-Fensters anzupassen.

- **Verwendung:**

- title Mein CMD-Fenster: Ändert den Titel des aktuellen CMD-Fensters auf Mein CMD-Fenster.

- **TREE**

- **Beschreibung:** Zeigt eine grafische Darstellung der Verzeichnisstruktur eines Laufwerks oder Pfades an. tree wird verwendet, um eine Baumansicht eines Verzeichnisses und seiner Unterverzeichnisse anzuzeigen.

- **Verwendung:**

- tree: Zeigt die Verzeichnisstruktur des aktuellen Verzeichnisses an.

- tree /f /a: Zeigt die Verzeichnisstruktur einschließlich Dateien in einer textbasierten (ASCII) Darstellung an.

- **TYPE**

- **Beschreibung:** Zeigt den Inhalt einer Datei an. type wird verwendet, um Textdateien in der CMD anzuzeigen.

- **Verwendung:**

- type datei.txt: Zeigt den Inhalt von datei.txt an.

- **VER**

- **Beschreibung:** Zeigt die Windows-Version an. ver wird verwendet, um die Version des Betriebssystems anzuzeigen.

- **Verwendung:**

- ver: Zeigt die Windows-Version und Build-Nummer an.

- **VERIFY**

- **Beschreibung:** Schaltet die Überprüfung ein oder aus, ob Dateien korrekt auf das Laufwerk geschrieben wurden. verify wird verwendet, um sicherzustellen, dass Daten nach dem Schreiben auf die Festplatte korrekt sind.

- **Verwendung:**

- verify on: Schaltet die Überprüfung ein.

- verify off: Schaltet die Überprüfung aus.

- **VOL**

- **Beschreibung:** Zeigt das Volumenbezeichnungszeichen und die Seriennummer eines Laufwerks an. vol wird verwendet, um die Volumeninformationen eines Laufwerks anzuzeigen.

- **Verwendung:**

- vol C:: Zeigt das Volumenbezeichnungszeichen und die Seriennummer des Laufwerks C: an.

- **WHERE**

- **Beschreibung:** Sucht nach Dateien in einem Verzeichnisbaum. where wird verwendet, um den Speicherort von Dateien im PATH zu finden.

- **Verwendung:**

- where notepad.exe: Zeigt den vollständigen Pfad zu notepad.exe an, wenn es im PATH gefunden wird.

- **WHOAMI**

- **Beschreibung:** Zeigt den aktuell angemeldeten Benutzer an. whoami ist nützlich, um herauszufinden, unter welchem Benutzerkonto die aktuelle CMD-Sitzung läuft.

- **Verwendung:**

- whoami: Zeigt den vollständigen Namen des aktuellen Benutzers an.

- **XCOPY**

- **Beschreibung:** Kopiert Dateien und Verzeichnisse einschließlich Unterverzeichnissen. xcopy ist leistungsfähiger als copy und bietet viele Optionen für die Massenkopie.

- **Verwendung:**

- xcopy C:\Quelle D:\Ziel /E /I /H /Y: Kopiert alle Dateien und Verzeichnisse von C:\Quelle nach D:\Ziel, erstellt das Zielverzeichnis bei Bedarf, schließt versteckte Dateien ein und überschreibt vorhandene Dateien ohne Bestätigung.

-

Zusammenfassung

Diese alphabetische Liste bietet eine schnelle Referenz für die wichtigsten CMD-Befehle. Sie können die einzelnen Befehle verwenden, um eine Vielzahl von Aufgaben zu erledigen, von der einfachen Dateiverwaltung bis hin zur komplexen Systemadministration. Die Kurzbeschreibungen geben Ihnen eine erste Orientierung, wie die Befehle eingesetzt werden können. Bei tiefergehenden Fragen oder für spezifische Optionen sollten Sie die integrierte Hilfe der CMD verwenden, die Sie über <Befehl> /? aufrufen können.

Ressourcen und weiterführende Literatur

Dieser Abschnitt bietet eine Sammlung von nützlichen Ressourcen, Dokumentationen, Foren und weiterführender Literatur, die Ihnen helfen können, Ihr Wissen über die CMD und die Systemadministration weiter zu vertiefen. Diese Quellen bieten detaillierte Informationen, fortgeschrittene Techniken und Community-Support, der Ihnen bei der Lösung von Problemen und der Erweiterung Ihres Wissens helfen kann.

1. Offizielle Dokumentation

- **Microsoft Docs - Windows Command Reference**

    o **Beschreibung:** Die offizielle Referenz von Microsoft zu den Befehlen der Windows-Eingabeaufforderung. Diese Seite enthält detaillierte Anweisungen und Beispiele für alle CMD-Befehle.

    o **URL:** Microsoft Docs - Windows Commands

- **Microsoft Learn**

    o **Beschreibung:** Microsoft Learn bietet interaktive Lernpfade und Module, die sich mit verschiedenen Aspekten der Windows-Administration, einschließlich CMD und PowerShell, beschäftigen.

    o **URL:** Microsoft Learn

- **Technet Script Center**

    o **Beschreibung:** Ein umfangreiches Repository für Skripte, das von Microsoft bereitgestellt wird. Es enthält viele Beispiele und fertige Skripte für CMD, PowerShell und andere Skriptsprachen.

    o **URL:** Technet Script Center

2. Foren und Community-Support

- **Stack Overflow**

- **Beschreibung:** Eine der größten Online-Communities für Programmierer und Systemadministratoren. Hier können Sie Fragen zu spezifischen CMD-Problemen stellen und Antworten von erfahrenen Benutzern erhalten.

  - **URL:** Stack Overflow

- **Super User**

  - **Beschreibung:** Eine Community, die sich speziell an fortgeschrittene Computeranwender richtet. Super User ist ein großartiger Ort, um Fragen zur CMD und zur allgemeinen Systemadministration zu stellen.

  - **URL:** Super User

- **Reddit - r/Windows10 und r/sysadmin**

  - **Beschreibung:** Reddit bietet verschiedene Subreddits, in denen Systemadministratoren und IT-Profis Erfahrungen und Tipps austauschen können.

  - **URL:** r/Windows10

  - **URL:** r/sysadmin

3. Bücher und weiterführende Handbücher

- **"Windows Command Line Administration Instant Reference" von John Paul Mueller**

  - **Beschreibung:** Dieses Buch bietet eine umfassende Referenz zur Windows-Befehlszeile, einschließlich Befehlsyntax, Beispielen und fortgeschrittenen Techniken.

- **"Windows Command-Line: The Personal Trainer" von William Stanek**

- o **Beschreibung:** Ein praxisorientiertes Handbuch, das sowohl Einsteigern als auch fortgeschrittenen Benutzern hilft, die Befehlszeile effizient zu nutzen.

- **"Windows PowerShell in Action" von Bruce Payette**

  - o **Beschreibung:** Für Benutzer, die ihre Fähigkeiten erweitern möchten, bietet dieses Buch einen tiefen Einblick in PowerShell, das eine erweiterte und mächtigere Alternative zur CMD darstellt.

4. Online-Tutorials und Videoressourcen

- **YouTube - CMD Tutorials**

  - o **Beschreibung:** Auf YouTube finden Sie viele Tutorials, die den Umgang mit der CMD erklären, von grundlegenden Befehlen bis hin zu fortgeschrittenen Skripting-Techniken.

  - o **URL:** YouTube CMD Tutorials

- **Udemy - Windows Command Line Courses**

  - o **Beschreibung:** Udemy bietet eine Reihe von Kursen zur Windows-Eingabeaufforderung an, die speziell darauf ausgelegt sind, Anfängern und fortgeschrittenen Benutzern gleichermaßen zu helfen.

  - o **URL:** Udemy CMD Courses

5. Spezialisierte CMD-Tools

- **Sysinternals Suite**

  - o **Beschreibung:** Ein Toolkit von Microsoft, das eine Vielzahl von erweiterten Tools für die Windows-Administration bietet, darunter PsExec, ProcMon und Autoruns, die weit über die grundlegenden CMD-Befehle hinausgehen.

  - o **URL:** Sysinternals Suite

- **Chocolatey**

  - **Beschreibung:** Ein Paketmanager für Windows, der die Installation, Aktualisierung und Verwaltung von Software über die Kommandozeile vereinfacht.

  - **URL:** Chocolatey

Zusammenfassung

Diese Ressourcen bieten eine Fülle von Informationen, die Ihnen helfen können, Ihre Fähigkeiten in der Nutzung der Windows-Eingabeaufforderung und der allgemeinen Systemadministration weiter auszubauen. Egal, ob Sie ein Anfänger oder ein erfahrener Benutzer sind, diese Literatur, Foren und Tools bieten wertvolle Unterstützung und tiefgehende Einblicke. Nutzen Sie diese Quellen, um Ihr Wissen zu vertiefen, Lösungen für komplexe Probleme zu finden und effizienter mit der CMD zu arbeiten.

Glossar

Dieses Glossar bietet Definitionen wichtiger Begriffe und Konzepte, die im Zusammenhang mit der Windows-Eingabeaufforderung (CMD) und der Systemadministration stehen. Es dient als Nachschlagewerk für Leser, die mit spezifischen Begriffen nicht vertraut sind oder eine Auffrischung benötigen.

- **Administratorrechte:** Spezielle Berechtigungen, die erforderlich sind, um Systemänderungen vorzunehmen, Programme zu installieren oder andere Aufgaben auszuführen, die das gesamte System betreffen.

- **Batch-Skript:** Eine Textdatei mit einer Reihe von Befehlen, die nacheinander ausgeführt werden. Batch-Skripte verwenden die

Dateierweiterung .bat oder .cmd und werden häufig zur Automatisierung von Aufgaben verwendet.

- **Befehl (Command):** Eine Anweisung, die in der Eingabeaufforderung eingegeben wird, um eine bestimmte Operation auszuführen, wie das Kopieren von Dateien, das Anzeigen von Verzeichnissen oder das Starten eines Programms.

- **Befehlskette (Pipeline):** Eine Methode zur Weitergabe der Ausgabe eines Befehls als Eingabe für einen anderen Befehl, normalerweise durch Verwendung des Pipe-Zeichens (|).

- **Befehlsinterpreter:** Das Programm, das die Eingaben in der Eingabeaufforderung liest, interpretiert und ausführt. In Windows ist cmd.exe der Befehlssinterprete für die Eingabeaufforderung.

- **CLI (Command Line Interface):** Eine textbasierte Benutzeroberfläche, über die Benutzer Befehle direkt an das Betriebssystem eingeben und ausführen können.

- **CMD:** Abkürzung für "Command", oft synonym mit der Windows-Eingabeaufforderung verwendet. Es bezieht sich sowohl auf die Befehlszeilenumgebung als auch auf das Programm cmd.exe.

- **Codepage:** Eine Zeichensatzkodierung, die definiert, wie Zeichen in einer bestimmten Sprache im Computersystem dargestellt werden. CMD verwendet standardmäßig eine bestimmte Codepage, die bei Bedarf geändert werden kann.

- **Eingabeaufforderung (Prompt):** Die Anzeige in der CMD, die anzeigt, dass das System bereit ist, einen Befehl zu akzeptieren. Standardmäßig zeigt die Eingabeaufforderung den aktuellen Verzeichnispfad gefolgt von einem > an.

- **Environment Variables (Umgebungsvariablen):** Variablen, die das Verhalten der Befehlszeile und der Betriebssystemumgebung beeinflussen. Sie enthalten wichtige

Informationen wie Pfade, Benutzereinstellungen und Systemkonfigurationen.

- **Exit Code (Fehlercode):** Ein numerischer Wert, der von einem Befehl nach seiner Ausführung zurückgegeben wird und den Erfolg oder Misserfolg des Befehls anzeigt. Standardmäßig wird ein Exit-Code von 0 als Erfolg gewertet.

- **File System (Dateisystem):** Eine Methode zur Organisation und Speicherung von Dateien und Verzeichnissen auf einem Datenträger. In Windows sind NTFS (New Technology File System) und FAT32 die gängigsten Dateisysteme.

- **Flag (Schalter):** Ein zusätzlicher Parameter, der an einen Befehl angehängt wird, um sein Verhalten zu ändern oder spezifische Optionen zu aktivieren. Flags werden in der Regel mit einem Schrägstrich / oder einem Bindestrich - eingeleitet.

- **FOR-Schleife:** Eine Anweisung in Batch-Skripten, die wiederholt Befehle ausführt, solange eine bestimmte Bedingung erfüllt ist oder über eine Liste von Elementen iteriert.

- **GUI (Graphical User Interface):** Eine grafische Benutzeroberfläche, die es Benutzern ermöglicht, über visuelle Elemente wie Symbole und Menüs mit dem Computer zu interagieren, im Gegensatz zu einer textbasierten Eingabeaufforderung.

- **Paketmanager:** Ein Tool, das die Installation, Aktualisierung und Verwaltung von Software automatisiert. Für Windows ist Chocolatey ein weit verbreiteter Paketmanager.

- **Pfad (Path):** Die hierarchische Struktur, die zu einer Datei oder einem Verzeichnis auf einem Datenträger führt. Absolute Pfade beginnen mit einem Laufwerksbuchstaben, während relative Pfade vom aktuellen Verzeichnis ausgehend interpretiert werden.

- **Pipe (|):** Ein Zeichen, das verwendet wird, um die Ausgabe eines Befehls als Eingabe für einen anderen Befehl weiterzuleiten. Dies ermöglicht die Verkettung von Befehlen.

- **Powershell:** Eine erweiterte Befehlszeilenumgebung und Skriptsprache, die speziell für die Systemadministration entwickelt wurde und weit über die Möglichkeiten der CMD hinausgeht.

- **Redirect (Umleitung):** Die Methode, die Eingabe oder Ausgabe eines Befehls von oder zu einer Datei oder einem anderen Befehl umzuleiten, anstatt auf dem Bildschirm angezeigt zu werden. Dies geschieht mit den Zeichen > (für Ausgabe) oder < (für Eingabe).

- **Registry (Registrierung):** Eine zentrale hierarchische Datenbank in Windows, die Einstellungen und Optionen für das Betriebssystem und installierte Anwendungen speichert.

- **Remote-Befehle:** Befehle, die auf einem entfernten System über eine Netzwerkverbindung ausgeführt werden können, wie ssh oder psexec.

- **Shell:** Die Benutzerschnittstelle für den Zugriff auf die Dienste des Betriebssystems. Die CMD ist eine einfache Shell, während PowerShell eine erweiterte Shell ist.

- **Syntax:** Die spezifische Struktur und Anordnung von Wörtern und Symbolen, die für die korrekte Eingabe und Ausführung eines Befehls erforderlich ist.

- **Task Scheduler (Aufgabenplanung):** Ein Windows-Dienst, der es ermöglicht, Skripte und Programme zu festgelegten Zeiten oder bei bestimmten Ereignissen automatisch auszuführen.

- **Verzeichnis (Directory):** Ein Container, in dem Dateien und Unterverzeichnisse gespeichert werden. Ein Verzeichnis wird auch als Ordner bezeichnet.

- **Wildcard (Platzhalter):** Ein Symbol wie * oder ?, das verwendet wird, um eine beliebige Anzahl von Zeichen in Dateinamen zu ersetzen, um mehrere Dateien auf einmal zu adressieren.

- **XCOPY:** Ein erweiterter Kopierbefehl in CMD, der Dateien und Verzeichnisse, einschließlich ihrer Unterverzeichnisse, kopiert.

Zusammenfassung

Dieses Glossar definiert die wichtigsten Begriffe und Konzepte, die im Zusammenhang mit der Verwendung der Windows-Eingabeaufforderung und der Systemadministration stehen. Es ist ein hilfreiches Werkzeug für alle, die ihre Kenntnisse in diesem Bereich erweitern möchten oder beim Lesen des Handbuchs auf unbekannte Begriffe stoßen. Nutzen Sie das Glossar, um sich mit den grundlegenden und fortgeschrittenen Begriffen vertraut zu machen, die für die effiziente Nutzung der CMD unerlässlich sind.

Schlusswort

Zusammenfassung und Ausblick

Dieses Handbuch hat Ihnen einen umfassenden Überblick über die CMD (Eingabeaufforderung) unter Windows vermittelt, von den grundlegenden Funktionen bis hin zu fortgeschrittenen Befehlen und Techniken. Sie haben gelernt, wie Sie die CMD effektiv nutzen können, um alltägliche Aufgaben zu automatisieren, Systemprozesse zu optimieren und detaillierte Diagnosen durchzuführen. Durch die Kombination dieser Befehle und die Anwendung in praktischen Beispielen sind Sie nun in der Lage, Ihre Produktivität zu steigern und eine höhere Kontrolle über Ihr Windows-System zu erlangen.

Die CMD bleibt ein wesentliches Werkzeug für IT-Experten und Power-User, auch in einer Zeit, in der grafische Benutzeroberflächen dominieren. Ihre Fähigkeit, direkt mit dem Betriebssystem zu interagieren, ermöglicht tiefere Systemeinblicke und effiziente Problembehebung, die über das hinausgehen, was mit herkömmlichen Benutzeroberflächen möglich ist.

In Zukunft wird es immer wichtiger, sowohl traditionelle Werkzeuge wie die CMD als auch modernere Technologien wie PowerShell und andere Skriptsprachen zu beherrschen. Die Kombination dieser Fähigkeiten wird Ihnen helfen, komplexe IT-Infrastrukturen zu verwalten, automatisierte Lösungen zu entwickeln und die ständig wachsenden Anforderungen der IT-Welt zu erfüllen.

Dank und Anerkennung

Ein Projekt wie dieses Handbuch wäre nicht ohne die Unterstützung und das Wissen vieler Menschen und Gemeinschaften möglich gewesen.

Zunächst möchte ich den Entwicklern und Dokumentationsteams von Microsoft danken, deren umfangreiche Dokumentationen und

Ressourcen die Grundlage für viele der in diesem Handbuch behandelten Themen bilden. Die von ihnen bereitgestellten Tools und ihre fortlaufende Arbeit an der Verbesserung der Windows-Plattform sind von unschätzbarem Wert.

Ebenso möchte ich den zahlreichen Online-Communities, Foren und Fachleuten danken, die ihr Wissen und ihre Erfahrungen in Blogs, auf Plattformen wie Stack Overflow, Super User und Reddit geteilt haben. Diese Gemeinschaften spielen eine entscheidende Rolle bei der Verbreitung von Wissen und der Unterstützung von Benutzern auf der ganzen Welt.

Ein besonderer Dank gilt auch den Autoren und Verlagen, die die Bücher und Handbücher geschrieben haben, die als zusätzliche Ressourcen und Inspirationsquellen für dieses Handbuch dienten. Ihre Arbeit hilft dabei, komplexe Themen verständlich zu machen und das Wissen in der IT-Welt zu verbreiten.

Nicht zuletzt möchte ich Ihnen, den Lesern, danken. Ihre Neugier und Ihr Engagement, Ihre Fähigkeiten in der Nutzung der CMD und in der Systemadministration zu erweitern, sind die treibenden Kräfte hinter diesem Handbuch. Es ist mein Ziel, Ihnen die Werkzeuge und das Wissen an die Hand zu geben, die Sie benötigen, um Ihre IT-Herausforderungen erfolgreich zu meistern. Ich hoffe, dass dieses Handbuch Ihnen in Ihrer täglichen Arbeit von Nutzen ist und Sie weiterhin in Ihrer beruflichen Entwicklung unterstützt.

Viel Erfolg bei Ihrer Arbeit mit der CMD, und zögern Sie nicht, die hier vermittelten Kenntnisse weiter auszubauen und zu vertiefen. Die IT-Welt ist dynamisch und voller Möglichkeiten – nutzen Sie sie!

Bonus

Zugangsdaten vergessen?

Wenn ein Administrator seine Zugangsdaten (Passwort) zu einem Windows-System vergessen hat, gibt es mehrere mögliche Lösungsansätze, um wieder Zugang zu erhalten. Es ist jedoch wichtig zu betonen, dass diese Methoden nur in Übereinstimmung mit den Unternehmensrichtlinien und gesetzlichen Vorgaben verwendet werden sollten, um unbefugten Zugriff zu verhindern.

Lösungsvorschläge:

1. Zurücksetzen des Passworts mit einem anderen Administrator-Konto

Wenn auf dem System mehrere Administrator-Konten vorhanden sind und der Zugriff auf ein anderes Konto möglich ist, kann das Passwort des vergessenen Kontos zurückgesetzt werden:

1. Melden Sie sich mit einem anderen Administrator-Konto am System an.

2. Öffnen Sie die CMD als Administrator.

3. Verwenden Sie den folgenden Befehl, um das Passwort des vergessenen Kontos zurückzusetzen:

```
net user Administrator "NeuesPasswort"
```

Ersetzen Sie "NeuesPasswort" durch das neue Passwort, das Sie festlegen möchten.

2. Zurücksetzen des Passworts mit einer Windows-Wiederherstellungsumgebung

Wenn kein Zugriff auf ein anderes Administrator-Konto besteht, kann das Passwort über die Windows-Wiederherstellungsumgebung zurückgesetzt werden:

1. Starten Sie den Computer neu und booten Sie von einem Windows-Installationsmedium (DVD oder USB-Stick).

2. Wählen Sie im Setup-Bildschirm „Computerreparaturoptionen" aus.

3. Gehen Sie zu „Problembehandlung" > „Erweiterte Optionen" > „Eingabeaufforderung".

4. Geben Sie den folgenden Befehl ein, um die Eingabeaufforderung mit der Funktionalität der Bildschirmtastatur zu überschreiben:

```
copy c:\windows\system32\cmd.exe c:\windows\system32\utilman.exe
```

5. Starten Sie den Computer neu.

6. Klicken Sie auf dem Anmeldebildschirm auf das Symbol für die Eingabehilfen (unten rechts). Dies öffnet nun die Eingabeaufforderung.

7. Setzen Sie das Administrator-Passwort mit folgendem Befehl zurück:

```
net user Administrator "NeuesPasswort"
```

8. Melden Sie sich mit dem neuen Passwort an.

9. Vergessen Sie nicht, die Originaldatei wiederherzustellen:

```
copy c:\windows\system32\utilman.exe c:\windows\system32\cmd.exe
```

3. Zurücksetzen über eine Passwort-Reset-Diskette

Falls für das Administrator-Konto eine Passwort-Reset-Diskette oder ein USB-Stick erstellt wurde:

1. Legen Sie die Passwort-Reset-Diskette oder den USB-Stick ein.

2. Klicken Sie auf „Passwort zurücksetzen" auf dem Anmeldebildschirm.

3. Folgen Sie den Anweisungen des Assistenten zum Zurücksetzen des Passworts.

4. Verwenden eines Microsoft-Kontos

Falls das Administrator-Konto ein Microsoft-Konto ist, kann das Passwort online zurückgesetzt werden:

1. Gehen Sie auf die Seite Microsoft-Konto-Passwort zurücksetzen.

2. Folgen Sie den Anweisungen, um das Passwort zurückzusetzen.

3. Melden Sie sich mit dem neuen Passwort am System an.

5. Systemwiederherstellung

Falls Sie kürzlich eine Sicherung des Systems oder einen Systemwiederherstellungspunkt erstellt haben:

1. Booten Sie in die Windows-Wiederherstellungsumgebung.

2. Gehen Sie zu „Problembehandlung" > „Erweiterte Optionen" > „Systemwiederherstellung".

3. Wählen Sie einen Wiederherstellungspunkt aus, der vor dem Passwortverlust liegt.

4. Führen Sie die Wiederherstellung durch, um den Zustand des Systems einschließlich des Passworts zu einem früheren Zeitpunkt wiederherzustellen.

6. Verwendung von Passwort-Wiederherstellungs-Tools

Es gibt spezialisierte Software-Tools, die verwendet werden können, um das Administrator-Passwort zurückzusetzen:

- **Offline NT Password & Registry Editor**

- **PCUnlocker**

- **Lazesoft Recover My Password**

Diese Tools erfordern den Zugriff auf den Computer über ein bootfähiges Medium und können das Passwort für ein lokales Konto zurücksetzen oder entfernen.

Wichtige Hinweise:

- **Sicherheitsrisiko:** Die Verwendung solcher Methoden kann ein Sicherheitsrisiko darstellen, wenn sie nicht ordnungsgemäß durchgeführt werden. Stellen Sie sicher, dass nur autorisierte Personen diese Maßnahmen durchführen.

- **Rechtliche Aspekte:** Stellen Sie sicher, dass Sie alle gesetzlichen Anforderungen und Unternehmensrichtlinien einhalten, bevor Sie ein Passwort zurücksetzen.

- **Passwort-Management:** Verwenden Sie sichere Passwort-Management-Lösungen, um die Wahrscheinlichkeit zu verringern, dass Passwörter vergessen werden.

Diese Methoden bieten verschiedene Wege, um wieder Zugang zu einem Administrator-Konto zu erhalten, falls das Passwort vergessen wurde. Wählen Sie die Methode, die am besten zu Ihrer Situation passt, und stellen Sie sicher, dass Sie danach geeignete Maßnahmen ergreifen, um zukünftige Passwortprobleme zu vermeiden.

USB-Stick nicht lesbar?

Wenn ein USB-Stick im Windows Explorer angezeigt wird und der Inhalt sichtbar ist, aber der Zugriff aufgrund eines „Hardware-Fehlers" verweigert wird, gibt es mehrere Methoden, um dennoch auf die Daten zuzugreifen und sie zu kopieren. Dies kann auf einen defekten USB-Port, ein beschädigtes Dateisystem oder fehlerhafte Sektoren auf dem USB-Stick zurückzuführen sein. Hier sind einige ausführliche Lösungsansätze:

1. Überprüfung und Reparatur des Dateisystems mit CHKDSK

Das chkdsk-Tool ist ein integriertes Windows-Dienstprogramm zur Überprüfung und Reparatur von Dateisystemfehlern. Wenn das Dateisystem auf dem USB-Stick beschädigt ist, kann chkdsk möglicherweise den Fehler beheben und den Zugriff auf die Dateien wiederherstellen.

Schritte:

1. **Öffnen Sie die Eingabeaufforderung als Administrator:**

    o Drücken Sie Windows + X und wählen Sie „Eingabeaufforderung (Administrator)" oder „PowerShell (Administrator)".

2. **Führen Sie den Befehl CHKDSK aus:**

    o Geben Sie den folgenden Befehl ein:

```
chkdsk X: /f /r /x
```

   - Ersetzen Sie X: durch den Laufwerksbuchstaben Ihres USB-Sticks.

   - **/f**: Behebt Fehler auf dem Datenträger.

   - **/r**: Findet fehlerhafte Sektoren und stellt lesbare Informationen wieder her.

   - **/x**: Erzwingt das Aushängen des Laufwerks vor der Prüfung.

3. **Überprüfen Sie das Ergebnis:**

- Wenn chkdsk erfolgreich ist, sollten Sie in der Lage sein, wieder auf die Daten zuzugreifen.

4. **Kopieren Sie die Daten:**

- Nachdem die Fehler behoben sind, kopieren Sie die Daten auf eine sichere Festplatte oder einen anderen USB-Stick.

2. Datenrettung über ein Linux-Live-System

Linux ist oft toleranter gegenüber fehlerhaften Dateisystemen und kann manchmal auf Daten zugreifen, die unter Windows blockiert sind. Ein Linux-Live-System kann helfen, die Dateien zu retten.

Schritte:

1. **Erstellen Sie ein Linux-Live-USB-Stick:**

- Laden Sie ein Linux-ISO herunter (z.B. Ubuntu, Mint).

- Erstellen Sie einen bootfähigen USB-Stick mit Tools wie Rufus.

2. **Booten Sie vom Linux-Live-System:**

- Schließen Sie den erstellten Linux-USB-Stick an und booten Sie den Computer von diesem.

- Wählen Sie „Ubuntu ausprobieren" oder „Mint ausprobieren", ohne es zu installieren.

3. **Öffnen Sie den Datei-Explorer in Linux:**

- Der USB-Stick sollte in der linken Spalte des Datei-Explorers angezeigt werden.

- Klicken Sie auf das USB-Laufwerk, um den Inhalt anzuzeigen.

4. **Kopieren Sie die Dateien:**

- o Kopieren Sie die Dateien von Ihrem USB-Stick auf eine interne Festplatte oder einen anderen funktionierenden USB-Stick.

3. Datenrettung mit Datenrettungssoftware

Wenn die obigen Methoden nicht funktionieren, können spezielle Datenrettungsprogramme verwendet werden. Diese Software ist darauf ausgelegt, Daten von beschädigten oder schwer zugänglichen Datenträgern wiederherzustellen.

Schritte:

1. **Wählen Sie ein Datenrettungstool:**

   - o Einige beliebte Optionen sind:

     - **Recuva** (kostenlos)

     - **EaseUS Data Recovery Wizard**

     - **Disk Drill**

     - **PhotoRec**

     - **MiniTool Power Data Recovery**

2. **Installieren und starten Sie das Programm:**

   - o Laden Sie das gewählte Tool herunter und installieren Sie es auf Ihrem Computer. Achten Sie darauf, es nicht auf dem USB-Stick zu installieren, von dem Sie die Daten wiederherstellen möchten.

3. **Scannen Sie den USB-Stick:**

   - o Wählen Sie den USB-Stick im Programm aus und starten Sie den Scan nach verlorenen oder beschädigten Dateien.

4. **Wiederherstellen der Dateien:**

o   Nach Abschluss des Scans zeigt die Software eine Liste der wiederherstellbaren Dateien an. Wählen Sie die gewünschten Dateien aus und speichern Sie sie auf einem anderen Laufwerk.

4. Kopieren von Dateien über den Windows Explorer im abgesicherten Modus

Manchmal kann der abgesicherte Modus von Windows den Zugriff auf Dateien ermöglichen, wenn diese im normalen Modus blockiert sind.

Schritte:

1. **Starten Sie den Computer im abgesicherten Modus:**

   o   Drücken Sie Windows + R, geben Sie msconfig ein und drücken Sie Enter.

   o   Gehen Sie zum Tab „Start" und aktivieren Sie „Abgesicherter Start" mit „Minimal".

   o   Starten Sie den Computer neu.

2. **Kopieren Sie die Dateien:**

   o   Versuchen Sie erneut, auf den USB-Stick zuzugreifen und die Dateien zu kopieren.

3. **Deaktivieren Sie den abgesicherten Modus:**

   o   Öffnen Sie erneut msconfig und deaktivieren Sie die Option „Abgesicherter Start", um zum normalen Startmodus zurückzukehren.

5. Versuch über andere USB-Ports oder einen anderen Computer

Manchmal liegt das Problem nicht am USB-Stick selbst, sondern am USB-Port oder dem verwendeten Computer.

Schritte:

1. **Wechseln Sie den USB-Port:**

   o Schließen Sie den USB-Stick an einen anderen USB-Port an, vorzugsweise direkt an die Hauptplatine (Rückseite des Desktops).

2. **Verwenden Sie einen anderen Computer:**

   o Versuchen Sie, den USB-Stick an einen anderen Computer anzuschließen, um zu überprüfen, ob das Problem hardware- oder treiberbezogen ist.

6. Kopieren über robocopy-Befehl

Der robocopy-Befehl in CMD ist ein robusteres Kopierwerkzeug und kann manchmal Daten kopieren, wenn die normale Windows-Kopie scheitert.

Schritte:

1. **Öffnen Sie CMD als Administrator:**

   o Drücken Sie Windows + X und wählen Sie „Eingabeaufforderung (Administrator)".

2. **Verwenden Sie den robocopy-Befehl:**

   o Geben Sie den folgenden Befehl ein:

```
robocopy X:\ D:\ZielOrdner /E /R:3 /W:5
```

   ▪ Ersetzen Sie X:\ durch den Laufwerksbuchstaben des USB-Sticks und D:\ZielOrdner durch den Pfad, in den die Daten kopiert werden sollen.

   ▪ **/E**: Kopiert alle Unterverzeichnisse, auch leere.

- **/R:3**: Versucht, fehlgeschlagene Kopiervorgänge dreimal erneut durchzuführen.

- **/W:5**: Wartet 5 Sekunden zwischen den Wiederholungsversuchen.

7. Verwendung von WinRAR oder 7-Zip zum Extrahieren der Daten

Manchmal können Komprimierungsprogramme wie WinRAR oder 7-Zip verwendet werden, um Daten von beschädigten Datenträgern zu extrahieren.

Schritte:

1. **Öffnen Sie WinRAR oder 7-Zip:**

   o Öffnen Sie das Programm und navigieren Sie zu Ihrem USB-Stick.

2. **Versuchen Sie, die Dateien zu extrahieren:**

   o Ziehen Sie die Dateien in einen anderen Ordner oder verwenden Sie die Extraktionsfunktion des Programms.

Zusammenfassung

Diese Methoden bieten eine Reihe von Ansätzen, um Daten von einem USB-Stick zu kopieren, der zwar erkannt wird, aber aufgrund eines „Hardware-Fehlers" nicht normal zugänglich ist. Je nach Schwere des Fehlers kann eine dieser Methoden erfolgreich sein. Wichtig ist, vorsichtig zu sein und die Daten so schnell wie möglich auf ein anderes Medium zu sichern, da der Zustand des USB-Sticks sich verschlechtern könnte.

Individuelles Netzwerk-Problem

Wenn Sie zwei PCs (einen mit Windows 10 und einen mit Windows 11) in einem Netzwerk verbinden möchten und beide Systeme keine Passwörter auf der Benutzerebene haben, müssen Sie sicherstellen, dass die Netzwerkeinstellungen korrekt konfiguriert sind, um eine nahtlose Freigabe von Dateien und Ressourcen zwischen den beiden Computern zu ermöglichen. Da kein Passwortschutz vorhanden ist, müssen bestimmte Einstellungen angepasst werden, um den Zugriff auf die Freigaben zu ermöglichen.

Voraussetzungen

1. **Beide PCs sollten sich im gleichen Netzwerk befinden.**

2. **Netzwerkerkennung und Dateifreigabe sollten aktiviert sein.**

3. **Ein gemeinsames Arbeitsgruppennetzwerk sollte verwendet werden (Standard ist 'WORKGROUP').**

Schritt 1: Arbeitsgruppe überprüfen und gegebenenfalls anpassen

Überprüfen und ändern Sie die Arbeitsgruppe auf beiden PCs, damit sie identisch ist.

1. **Arbeitsgruppe ändern:**

    o   Öffnen Sie die Eingabeaufforderung (CMD) als Administrator auf beiden PCs.

    o   Überprüfen Sie die aktuelle Arbeitsgruppe:

```
systeminfo | findstr /C:"Arbeitsgruppe"
```

    o   Wenn die Arbeitsgruppen unterschiedlich sind, ändern Sie die Arbeitsgruppe (zum Beispiel auf WORKGROUP):

```
netdom renamecomputer %COMPUTERNAME% /JoinDomain WORKGROUP
```

- o Starten Sie beide PCs neu, um die Änderung zu übernehmen.

Schritt 2: Netzwerkerkennung und Dateifreigabe aktivieren

Aktivieren Sie die Netzwerkerkennung und die Dateifreigabe auf beiden PCs.

1. **Netzwerkerkennung und Dateifreigabe aktivieren:**

   - o Öffnen Sie die Eingabeaufforderung (CMD) als Administrator auf beiden PCs.

   - o Aktivieren Sie die Netzwerkerkennung:

```
netsh advfirewall firewall set rule group="Network Discovery" new
enable=Yes
```

   - o Aktivieren Sie die Datei- und Druckerfreigabe:

```
netsh advfirewall firewall set rule group="File and Printer
Sharing" new enable=Yes
```

2. **Deaktivieren Sie das Kennwortgeschützte Freigeben (da kein Passwort verwendet wird):**

   - o In der Eingabeaufforderung (CMD) als Administrator auf beiden PCs:

```
netsh advfirewall firewall set rule group="File and Printer
Sharing" new enable=Yes

net user Guest /active:yes

net share
```

   - o Alternativ können Sie über die Systemsteuerung unter „Netzwerk- und Freigabecenter" > „Erweiterte Freigabeeinstellungen" das „Kennwortgeschützte Freigeben" deaktivieren.

Schritt 3: Freigabe von Ordnern einrichten

Richten Sie auf einem oder beiden PCs freigegebene Ordner ein, um Dateien zwischen den Computern auszutauschen.

1. **Ordner freigeben:**

   o In der Eingabeaufforderung (CMD) als Administrator auf dem PC, der die Dateien freigeben soll:

```
net share Freigabename=C:\Pfad\Zu\Ordner /grant:everyone,full
```

   o Beispiel:

```
net share Dateien=C:\Users\Benutzername\Documents
/grant:everyone,full
```

   o Dies gibt den Ordner „Documents" im Benutzerverzeichnis frei und gewährt jedem Benutzer vollen Zugriff.

2. **Auf den freigegebenen Ordner zugreifen:**

   o Auf dem anderen PC, öffnen Sie die CMD und verbinden Sie sich mit der Freigabe:

```
net use Z: \\Computername\Freigabename /user:Guest
```

   o Beispiel:

```
net use Z: \\Win10PC\Dateien /user:Guest
```

   o Z: ist hier der Laufwerksbuchstabe, unter dem die Freigabe eingebunden wird.

Schritt 4: Ping-Test durchführen

Überprüfen Sie die Netzwerkverbindung zwischen den beiden Computern.

1. **Ping-Test ausführen:**

   o Öffnen Sie die Eingabeaufforderung (CMD) auf beiden PCs und führen Sie einen Ping-Test durch, um die Verbindung zu überprüfen:

```
ping IP-Adresse-des-anderen-PCs
```

- o Beispiel von Windows 10 zu Windows 11:

```
ping 192.168.1.11
```

- o Wenn der Ping erfolgreich ist, sollten Sie in der Lage sein, Daten zwischen den Computern zu übertragen.

Schritt 5: Fehlerbehebung bei Netzwerkproblemen

Falls Probleme auftreten, führen Sie die folgenden Schritte durch:

1. **Überprüfen Sie die Firewall-Einstellungen:**

   - o Stellen Sie sicher, dass die Windows-Firewall die erforderlichen Verbindungen zulässt:

```
netsh advfirewall set allprofiles state off
```

   - o Deaktivieren Sie die Firewall vorübergehend, um zu testen, ob diese die Verbindung blockiert.

2. **Überprüfen Sie die IP-Adressen und Netzwerkkonfiguration:**

   - o Stellen Sie sicher, dass beide PCs gültige IP-Adressen im selben Subnetz haben:

```
ipconfig
```

   - o Überprüfen Sie, ob beide PCs eine IP-Adresse im gleichen Netzwerkbereich (z.B. 192.168.1.x) haben.

Zusammenfassung

Diese Lösungsvorschläge sollten Ihnen helfen, zwei PCs mit Windows 10 und Windows 11 ohne Benutzerpasswörter in einem Netzwerk zu verbinden und Dateien zwischen ihnen zu teilen. Indem Sie die Netzwerkerkennung und Dateifreigabe aktivieren, Kennwortschutz deaktivieren und Freigaben korrekt einrichten, sollten beide Systeme problemlos miteinander kommunizieren können. Wenn Probleme auftreten, sind Ping-Tests und Firewall-Einstellungen gute erste Schritte zur Fehlersuche.